日本的
グローバル・
オペレーションズ・
マネジメント

■ ジャパン・クオリティを支える
■ 強いインテグリティ

宮川正裕［著］

同文舘出版

はしがき

　戦後日本経済の成長を支えてきた日本のものづくり産業は，1970年代のオイルショック，1980年代後半からの急激な円高，1990年代前半のバブル経済崩壊による景気の停滞やコスト競争力の低下等，多くの難題に直面し，その都度適応力を発揮して成長してきた。1980年代初め頃からは，国家の垣根を超えた地球規模の自由な活動をイメージさせるグローバリゼーションという概念が拡がり始めた。政治経済がグローバル化する潮流の中で，国と企業はどのような政策や経営戦略をもって舵取りをしていくべきかが，大きな課題となってきたのである。こうした環境変化の中で，輸出や海外事業等国境を越えるビジネス戦略を展開し，異なった政治・異文化の中で事業活動を行い，グローバル市場での競争優位性を構築した日本企業の数も増えてきた[1]。

　一方で，こうした潮流に変化が起きつつあることも事実である。その変化の一つは，自由貿易の本家とも言える英国において，2016年6月24日に「EUからの離脱の是非を問う」国民投票が行われ，保護主義的政策を支持した離脱派が僅差で勝利したことである[2]。そして二つ目の変化というのが，2016年11月8日の米国大統領選挙の結果である。トランプ氏は保護主義的政策を掲げ，中国からの輸入品に45％もの関税をかけること，世界貿易機関（WTO）から脱退することなどをちらつかせ，国際安全保障体制についても異論を唱えて当選した。自由主義の旗手であった米国が，これまでのグローバリゼーションの流れに異を唱え，内向きの保護主義に大きく舵を切ろうとしている[3]。

　これだけグローバル化が進んだ国際社会の中で，米国と英国という世界の代表的民主主義国が，国民投票と選挙によって「既存秩序をぶち壊す」決定

をしたのである[4]。英国・米国いずれの選挙結果も僅差であり，両国ではいずれも投票後に反対派が抗議行動を起こし，その溝の深さが後遺症として長く尾を引く懸念がある。

　筆者が，前著『グローバル経営と戦略的クオリティ・マネジメント—日本発のグローバル・オペレーションズ・マネジメント—』（同文舘出版）を上梓した2008年3月より8年が経過し，我々を取り巻く内外の環境も大きく変化した。本書は，筆者がこの1年間，在外研究先の英国ケンブリッジ大学に滞在し，研究調査を行って得られた新たな知見を踏まえて加筆・修正し，「日本的グローバル・オペレーションズ・マネジメント」と題してまとめたものである[5]。

　筆者がケンブリッジ大学で研究をスタートした頃，同じフロアの教授や博士課程の院生からよく訊かれたのは，「日本は，地震や津波，原発の問題，火山の爆発など大変なことが続いているが，大丈夫ですか!?」「日本の産業競争力は，今どうなっているのですか？」「日本企業は強い，トヨタは強いと言われていましたが，米国で大変なリコール問題を起こして品質に対する信頼性を失ったのではないですか!?」というものであった。これらの問いは，正に海外の有識者が一様に抱いている日本に対する印象であり，「日本はどうなっているの？」というメッセージである。こうした問いに対する答えも意識して，本書を書き始めた。なお，質問の中で多かった「トヨタの誠実さと卓越性の模範的地位への疑問」は，とりもなおさず日本的経営・生産システムのコアである「クオリティとインテグリティ」に関わる疑問や不信につながることであり，本書の第3章2節に紹介しているライカー＆フランツ（2012a）の知見を引用して，説明を試みている[6]。

　本書では，「品質経営の成果を向上させるには，どのような施策を実践すべきか」ということを，日系製造企業の海外法人を対象にして，中国での調査，米国での調査に続き，英国での調査を行った結果から得られた知見に基

づいて述べる。「組織の成果を向上させるための施策」については，産官学の先人が取り組んだ多くの先行研究において論じられているが，我々研究グループでは，米国のMBAモデルの七つの施策が，企業のクオリティや生産性，競争力を向上させるのに非常に有意であると考えている。そして，このモデルのスケールを使って，2002年に在中国日系製造企業，2007年に在米国日系製造企業を対象に調査を行った。二度の調査結果では，企業成果に強い相関関係を示したのは，戦略性と人的資源の活性化であった。会社の向かうべきベクトルがしっかり示され，方針管理によって経営トップから作業者まで自分がやるべきことが徹底されることで，成果が向上するという流れである。今回英国での調査では，さらにもう一歩踏み込んで，「成果を上げている企業は，なぜ人的資源の活性化が継続的にできているのか，それを支えているのは何か」という点を掘り下げてみた。

話が少しそれるが，ケンブリッジ大学の図書館の膨大な蔵書の中には，今から150年ほど前の1858年に，英国人がみた日本と日本人の姿を記した文献も含まれていた。当時の大英帝国在日領事館の領事オールコック（Alcock, 1863）が，幕末期の日本を訪れた時の紀行文であるが，「英国に比較して日本は，文明や科学軍事すべてにおいて劣る劣等民族である」と見下した記載がある。しかしその一方で，オランダ人技術者に指導された日本人が，実によく働き，創意工夫をしている姿に驚き「中国人が到底成し得ないことであり，日本人の物つくりへの熱意・創意工夫は日本が世界に誇るべき数少ないものである」と賞賛している[7]。「日本人の能力や創意工夫という国民的優れた特徴」についての英国人の評価は，本書で取り上げる「日本のQualityとIntegrity」が，当時から世界のトップレベルにあったことを示す証左である[8]。

日本社会には，社会通念として，「一所懸命（物事を命がけですること＝一生懸命）技を磨き仕事・（学業）に励めば，きっと成功する。世のため，人のために働いていればきっと世間に認められる」という考えが残ってい

る。日本では昔から，農民はより良い収穫を得るために汗を流し，職人は匠の技を磨き，商人は丁稚の頃より組織の中でどうふるまうべきかという組織行動論を実地に学び，どうすればお客様に満足してもらえるかを考え修業を積んできた。これらはすべて，顧客満足度を向上させる究極点志向のクオリティ・マネジメントの実践と捉えることができる。そして，誠意を持ってまじめにひたむきに取り組むこと，つまり真摯さ＝Integrity が仕事の質を支えるものであることを，日本人は社会智として認識してきたのではなかろうか[9]。

　筆者が本書を執筆するに際して考えたことは，専門分野である国際経営学の Global Operations Management に関する調査研究・分析結果を報告するだけではない。日本社会および日本人が大切にしてきた「和の文化」「より質の高いもの求める究極点志向」「一所懸命誠実に働けばきっと報われる」「仕事を通じて社会に貢献する」といった考え方のコアにある，「Quality（自分の資質・仕事の質・イエ社会の質）を高めるために Integrity（真摯さ）をもってひたむきに取り組む」国民性についても言及したい，という思いがそこにあった。

　さて，本書の大部分は，在外研究先の英国ケンブリッジ大学経営大学院内のケインズ・ハウス（ケンブリッジ大学卒業生である経済学者ケインズを敬して名前が付されている）の研究室で書かれたものである。在外研究中の執筆ということで，在欧州日系製造企業を対象とするリサーチを行いながら，日本から持参した文献と University Library であたった文献を参考にして書き上げたものが中心となっている。時間や情報量の制約もあって，本テーマについて充分に書き尽くせたとは言い難いが，文中の表記や参考文献からの引用，英語の和訳等，記載内容についてはすべて筆者の責任であり，読者の皆様のご指摘ご質問については，誠意をもってお応えしたい。

はしがき (5)

　本書を執筆するに際して，実に多くの方々のご協力，ご指導をいただいた。
　まず始めに，デミング理論始めとするクオリティ・マネジメントや統計学について永年ご指導いただいた恩師の吉田耕作カリフォルニア州立大学名誉教授，リサーチ・フレームワークの使用を認めて下さったトレド大学のRaghunathan教授に御礼を申し上げる。そして，今回の欧州調査にご協力いただいたケンブリッジ大学ジャッジ・ビジネス・スクールのChristoph Loch学長，Daniel Ralph教授，Jane Davies教授，ケンブリッジ大学Gurdon研究所長Sir John Bertrand Gurdon[10]，David Cardwell工学部長，Institute for ManufacturingのSir Mike GregoryおよびSteven Evans教授に心より御礼を申し上げたい。次に，英国トヨタや英国デンソーの皆様始め，今回調査に御協力いただいた企業関係各位には，御多忙中にも拘らずインタビューやアンケート調査にご協力下さったことについて，心より感謝申し上げたい。

　そして，在外研究の機会が与えられたこと，および研究成果をまとめて中京大学企業研究所叢書の一冊として刊行する機会を与えていただいたことについて，中京大学関係各位に深く感謝を申し上げる。また，「リーダーの人間学Integrity」の翻訳者でインテグリティに造詣の深い中嶋秀隆氏，欧州進出企業調査に協力願った中京大学総合政策学部宮川プロジェクト研究の浅野亜美さん，市川茜さん，梅村真里さん，岡戸里紗さん，小池汐菜さん，杉浦彩佳さん，塚本奈々さん，脇田麻美さん，和田千尋さんに，感謝の意を表したい。最後に，出版に際してお世話になった同文舘出版取締役編集局長の市川良之氏にも御礼を申し上げる。

　2017年1月吉日
　　　　　　　　　　　　　　　　　　　　　八事山の研究室にて
　　　　　　　　　　　　　　　　　　　　　　　　　　　著　者

(注)
1) 東洋経済新報社編（2015）『海外進出企業総覧2015年版』によると，日本企業の海外法人数は，全世界で28,013社（内中国内6,707社，米国内3.579社）となっている。同社の2007年版資料では，全世界で21,226社であった。
2) EU離脱賛成が1,740万票（51.9％），残留が1,610万票（48.1％）で僅差での決定となった。その後，この決定が，英国のみならず世界の政治・経済に大きな影響と

混乱を与えている。
3) 保護主義を強引に進め，グローバル化や市場主義に背を向けることは，相手国にも敵対的保護政策をとらせることになる。結局は，自国のみの経済繁栄や生活の豊かさにはつながらず，悪い過去の過ちを繰り返すことになるという懸念がある。——英 Financial Times は，「1930 年代の米国は，保護主義的政策をとったことで大恐慌の影響が増幅された。その悪い過去を想起させる」と報じている（英 *Financial Times*, 2016 年 11 月 10 日付）。
4) 米大統領選挙の結果は，共和党トランプ氏 289／507（57％），に対して民主党ヒラリー・クリントン氏 218／507（43％）で，最終選挙人獲得数において過半数を制したトランプ氏が勝利した。しかし，10 日午前 8：00（日本時間）時点では，有権者投票者数でクリントン候補が 59,814,018 票，トランプ候補が 59,611,678 票で，クリントン候補が過半数を取得したと報じられている。最終的には，クリントン氏が得票数は多かったが，「最終選挙人獲得数優先」のルールを尊重して敗北を受け入れたということである。「米国も，大衆迎合の濁流にのまれ，国内が真二つに割れてしまった」「トランプ氏は，庶民の弱みに付け込んで偏狭なナショナリズムの封印を解いてしまった。内なる経済不安は，対外的な孤立主義も誘発し，世界は経済の縮小均衡に向かう懸念がある」と報じられている（『日本経済新聞』2016 年 11 月 10 日および 11 日付朝刊）。
5) Global Operations Management とは，「製造業における生産現場の操業をいかに効率的に円滑に行うか，という管理手法にとどまらず Going concern である企業の存続をかけた戦略と連携させ，グローバルな全社的システムとして体系化し，進化させていく考え方」と定義される（IMD インターナショナル他，2000）。
6) ライカー（2006）は，著書『ザ・トヨタウェイ（上）』の中で，「大学教授として，また社会科学者として私は常に客観性を保つ努力をしているが，トヨタのファンであることは認める」としながら，「トヨタが継続的改善と従業員の参画を他に見られないほどの水準に高め，いままでに稀にしか見られない真の学習する組織をつくり上げる偉業を達成した」とそのトヨタの強みのコアについて言及している。筆者も，それに賛同するひとりである。さらに，「人類史上で最も優れたリーンな学習する組織をつくり，それを世界中の人が学ぶことができる素晴らしいモデルとして広めるトヨタの快挙」にトヨタと日本人が誇りを持つであろうことを賞賛している。これこそ，今日本人が失いかけている自信を呼び起こさせてくれる，海外の研究者が発するメッセージである（pp.9-13）。
7) 1858 年 8 月に彼らは，長崎に開かれた日本の蒸気機関工場（1854 年にペリーとの条約に関連して設けられたもの）を訪ねた際に，オランダ人の顧問の下で日本人が，蒸気機関の複雑な構造をよく理解し，製造修理をしていることに驚いている。「ここで我々は最も驚くべき，そして誇るべき（enterprise）日本人の進取の気性と創意工夫（ingenuity）の証拠を見た。日本人は，外国の蒸気船やエンジンそのものを実際に見てもいないのに，ボイラーパイプ付きの蒸気機関を自分達の手で造っていた。このエンジンが，組み立てられてボートを動かしたのである。こうしたことは，中国人が到底成し得ないことであり，日本人の能力や創意工夫という国民的優れた特徴を示していると言えよう」と賞賛している（Alcock, 1863, p.83）。
8) それから 68 年後の 1926 年には，豊田佐吉の発明した「豊田 G 型自動織機」が，当時の世界最大手織機メーカー英プラット社を動かし，（100 万円という高額で特許権

を取得），日本の技術力を世界に示すことになったのは快挙と言える。
9) こうした見方を裏付けるものとして，日本の長寿企業に共通する項目を挙げる。
   ① 企業存続のために優れた人材を育成する（組織と人材）。
   ② 時代の変化にしなやかに対応する（組織能力）。
   ③ 創業以来の企業理念を頑固に守り抜いている。
   ④ 本業で社会に貢献すること。
   ⑤ 公正と信頼を基盤に据えてきたこと（真摯さ = Integrity）。
   　経営学の学問体系が生まれる前から，日本の企業ではこうしたマネジメントが実践されてきた。創業から 100 年以上も存続している長寿企業が 10 万社以上存在する。このことは，世界に誇るべき事実である（野村総合研究所，2008）。
10) ケンブリッジ大学にはノーベル賞を受賞した研究者が 88 人おられるが，2012 年度ノーベル生理学・医学賞を京都大学，山中伸弥教授と共同授賞したジョン・バートランド・ガードン卿（Sir John Bertrand Gurdon）には，お宅にお招きいただき親しくお話しさせていただいた。ガードン卿は，気の遠くなるような細胞組織研究に真摯に取り組んで来られた。その地道な研究の成果が評価されたと穏やかに話されるガードン卿から，アカデミック・インテグリティの重要さを教えていただいた。

目　次

はしがき ──────────────────────── (1)

序章　研究目的とその意義 ──────────── 3

1. 研究目的とその意義 …………………………………………… 3
   (1) 研究目的 ……………………………………………………… 3
   (2) 研究の意義 …………………………………………………… 5
2. 問題意識と研究課題 …………………………………………… 5
3. 本書の構成と特徴 ……………………………………………… 7

第1章　グローバル経営と経営資源の国際移転 ─── 11

第1節　グローバリゼーションとグローバル経営 ………… 11

1. グローバリゼーション ………………………………………… 11
   (1) グローバリゼーションの概念 ……………………………… 11
   (2) 世界経済の動向と日本経済のグローバル化 ……………… 13
   (3) 産業のグローバル化の歴史 ………………………………… 14
   (4) グローバル企業 ……………………………………………… 16
2. グローバル経営 ………………………………………………… 18
   (1) グローバル経営の概念 ……………………………………… 18
   (2) グローバル経営戦略 ………………………………………… 19
3. グローバル経営と生産性の向上 ……………………………… 20
   (1) 日本経済の概況 ……………………………………………… 20
   (2) グローバル経営の成果 ……………………………………… 21

第2節　経営資源の国際移転 ………………………………… 22

1. 対外直接投資の動き……………………………………………22
    (1) 世界の対外直接投資………………………………………22
    (2) 日本の対外直接投資〈直近のデータ〉…………………22
    (3) 業種別対外直接投資………………………………………23
    (4) 日本企業の海外売上高比率………………………………25
2. 日本的経営システムの国際移転と環境適応………………26
    (1) 日本的生産システムの特徴………………………………26
    (2) 日本的経営システムの国際移転…………………………26
3. 先行研究…………………………………………………………27
    (1) 経営・生産システムの国際移転…………………………27
    (2) 日本の製造企業の強み……………………………………28
    (3) 適用と適応モデル…………………………………………29

第2章 グローバル・オペレーションズ・マネジメント ―――35

第1節 オペレーションズ・マネジメント………………………35
1. オペレーションズ・マネジメントの概念……………………35
2. グローバル・オペレーションズ・マネジメントの成功事例……36
    (1) トヨタ自動車のグローバル・オペレーションズ・マネジメント…36
    (2) トヨタの競争優位性の源泉………………………………37
    (3) トヨタにおけるクオリティ・マネジメント……………38

第2節 クオリティ・マネジメント………………………………39
1. クオリティ・マネジメントの概念……………………………39
    (1) クオリティとは……………………………………………39
    (2) クオリティ軽視の代償……………………………………40
2. クオリティ・マネジメントの戦略性…………………………42
    (1) 戦略的クオリティ・マネジメント………………………44
    (2) 質と生産性と競争力………………………………………45
    (3) 日本企業の競争力の源泉…………………………………46

3. クオリティ・マネジメントの実践と成果検証……………………47
　　　（1）理論的枠組み………………………………………………47
　　　（2）MB賞モデル………………………………………………48
　　　（3）先行研究……………………………………………………49
　　　（4）TQM実践と成果の検証……………………………………49
　　　（5）これまでの調査結果………………………………………50

第3章　英国産業の盛衰とジャパナイゼーション────61

第1節　英国産業の盛衰………………………………………………62
　1. 第二次世界大戦後の英国の自動車産業……………………………62
　2. 英国病とその後………………………………………………………63
　　　（1）英国病（British disease）…………………………………63
　　　（2）英国のユニオン……………………………………………64
　　　（3）英国自動車産業の変革……………………………………65
　3. 英国自動車産業の現状と今後………………………………………65
　　　（1）英国自動車産業の現況……………………………………65
　　　（2）英国自動車産業の今後……………………………………66
　　　（3）英国のEU離脱決定…………………………………………66
第2節　日本的経営システムとジャパナイゼーション……………69
　1. 日本的経営システムの競争優位性…………………………………69
　　　（1）米国市場における日本企業の存在感……………………69
　　　（2）英国産業における品質レベル……………………………70
　2. 欧米におけるジャパナイゼーションの動き………………………71
　　　（1）米国病………………………………………………………71
　　　（2）米国におけるジャパナイゼーション……………………72
　　　（3）英国におけるジャパナイゼーション……………………73
　3. 日本産業の競争優位性………………………………………………76
　　　（1）日本の産業競争力…………………………………………76
　　　（2）トヨタの試練………………………………………………76

（3）トヨタの競争優位性……………………………………………………78

第4章　英国調査結果報告――――――――――――――――――83

　第1節　研究方法と手順……………………………………………………83
　　1．調査方法……………………………………………………………83
　　2．調査対象ユニバースとサンプル……………………………………85
　第2節　調査結果……………………………………………………………86
　　1．調査対象企業概要…………………………………………………86
　　2．調査結果……………………………………………………………88
　　　（1）クオリティ・マネジメントの成果………………………………88
　　　（2）TQM成果の調査結果比較………………………………………89
　　　（3）クオリティ・マネジメントの施策と成果………………………91
　　　（4）クオリティ・マネジメントの導入経緯…………………………92
　　　（5）Quality（質）とIntegrity（真摯な取り組み）について………92
　　3．発見事実……………………………………………………………95
　第3節　企業訪問による調査結果…………………………………………96
　　1．在英国日系製造企業を取り巻く環境………………………………96
　　　（1）日本の対英投資…………………………………………………96
　　　（2）英国自動車産業…………………………………………………97
　　2．英国における日系自動車関連企業の挑戦…………………………98
　　3．英国日系製造企業訪問調査………………………………………100
　　　（1）トヨタ・モーター・UK社………………………………………100
　　　（2）デンソー・マニュファクチュアリング・UK社…………………103
　　4．企業訪問調査による発見事実……………………………………104
　　5．英国の欧州連合（EU）離脱方針決定について…………………105

第5章　ジャパン・クオリティとインテグリティ────109

第1節　ジャパン・クオリティの優位性……………………………109
1. ジャパン・クオリティの海外移転……………………………109
   (1) クオリティ・リーディング・カントリー……………………109
   (2) 調査企業における品質経営の実際……………………110
2. 日本の品質力＝ジャパン・クオリティ……………………111
3. 日本的品質経営のベストプラクティス……………………112
   (1) トヨタの品質経営……………………………………112
   (2) 富士フイルムの品質経営……………………………115
   (3) エプソンの品質経営…………………………………115
4. ジャパン・クオリティの源流…………………………………115
   (1) 日本における求道精神………………………………115
   (2) ジャパン・クオリティへの評価………………………118
   (3) ジャパン・クオリティ・マネジメント…………………119

第2節　インテグリティ…………………………………………120
1. インテグリティの概念……………………………………120
2. インテグリティの重要性…………………………………121
   (1) ジャパン・クオリティを支えるインテグリティ……………121
   (2) 強い倫理的原理原則……………………………122
   (3) インテグリティを備えた人………………………123
3. ジャパン・クオリティとインテグリティの源流………………125

第3節　クオリティとインテグリティの関係……………………126
1. 調査結果からの知見………………………………………127
2. クオリティとインテグリティ経営の代表事例………………128
   (1) トヨタ自動車…………………………………………128
   (2)「獺祭」旭酒造の挑戦………………………………130

第6章　質の高い経営を支える人と組織のマネジメント──139

- 1. 日本的経営と人本主義……139
  - (1) 人間主義的経営……139
  - (2) 知識創造経営モデル……140
  - (3) 日本型経営の再評価……141
- 2. 人と組織のマネジメント……141
  - (1) 人と組織のマネジメント論……141
  - (2) 人間主義的マネジメント……142
  - (3) 経営学のアプローチ……142
- 3. 人の意欲とモチベーション……143
  - (1) 人の意欲と行動……143
  - (2) 人間主義心理学……144
  - (3) モチベーション理論……145
  - (4) マズローの業績……145
- 4. 仕事への欲求とVOICEモデル……146
  - (1) 仕事に対する五つの欲求……146
  - (2) VOICEモデルのアプローチ……147
  - (3) 動機づけの実際的アプローチ……149
- 5. 人間主義的マネジメントの展望……150
  - (1) 戦略的人的資源管理……150
  - (2) ポジティブ心理学……150
  - (3) ポジティブ心理学と経営……155
  - (4) 人間主義的マネジメント（Humanagement）……156

終章　総括と展望 ──────────────────161

   1. 総　　括………………………………………………………161
   2. 展　　望………………………………………………………167
      (1) 経営環境の変化……………………………………………167
      (2) 国の競争優位性……………………………………………169
      (3) 英国産業の盛衰から学ぶべきこと………………………171
      (4) 日本的経営の強み…………………………………………173
      (5) イノベーションの創発……………………………………175
      (6) 日本的グローバル・オペレーションズ・マネジメント………176
      (7) クオリティとインテグリティ……………………………179

参考文献 ──────────────────────────185
和文索引 ──────────────────────────193
欧文索引 ──────────────────────────195

日本的グローバル・オペレーションズ・マネジメント

―ジャパン・クオリティを支える強いインテグリティ―

序　章

研究目的とその意義

1. 研究目的とその意義

(1) 研究目的

　前著『グローバル経営と戦略的クオリティ・マネジメント』を，2008年に上梓してから8年が経った。この間リーマンショックが引き金となって，グローバリゼーションの負の連鎖によって発生した世界経済不況を経験し，日本産業は東日本大震災，タイの洪水等数々の災害や困難に遭遇してきた。そして今は，中東の紛争や難民問題，中国やロシアの政治経済動向，EUとEU離脱を決定した英国の動き，米国の大統領選挙後の保護主義的政策等，世界はこれまでのグローバリゼーションとは異なった複雑な情勢の中にある。反グローバル化やナショナリズム的保護主義の動きが，拡がっていることも否定できない。しかし，わが国の産業について言えば，少子高齢化が一層進展する自国のマーケットだけではもはや企業規模の拡大は難しく，海外市場に「規模の経済」「範囲の経済」効果を期待して，グローバル経営を志向する企業が，今後も増えていく流れは変わるまい。

　経済産業省は，『通商白書2015』の中で，Global Value Chain の重要性が世界的に高まる環境下で，日本企業は「世界で稼ぐ力を支えるグローバル経営力の強化」を経営の最優先課題とすべきことを示唆している。また，『通

商白書2016』の中でも，わが国の経済成長をより強固で安定的なものにしていくためには，「貿易立国としての発展を目指し，世界のビジネス環境をより一層整備していく」必要性が説かれている。

「世界で稼ぐ力を支えるグローバル経営力」を持ったグローバル企業を目指すには，企業戦略の全体最適を図り組織横断的に連携しながら競争力を高めていく，グローバル・オペレーションズ・マネジメントの考え方が必要になる（IMDインターナショナル他, 2000）。

製造企業を中心とする日本のグローバル企業は，これまで海外への直接投資を活発化させ，現地子会社に経営方式や生産システムを移転し，人的資源を育成することで品質レベルを向上させ，最適地生産・調達を進めて水平分業体制と称せられる国際事業ネットワークを構築してきた[1]。グローバル経営（Global Operations Management）によって，海外関連ビジネスから上がる事業収益が日本本社に還元され，会社全体の売上利益のみならず生産性の向上にも寄与し，結果的に日本経済の回復に貢献してきたと言えよう。

こうした日本のグローバル企業の多くは，国内市場での優位性を築きながら，輸出や海外事業等国境を越えるビジネス戦略を展開してきた。そして，直接投資によって海外に設立した拠点に自社経営ノウハウを移転し，異なった政治・異文化の中で事業活動を実践してゆくことで，グローバル市場での競争優位性を築いているのである。

前著の第3章にて，グローバル・オペレーションズ・マネジメントの成功事例としてトヨタ自動車を挙げたが，8年後の今，同社は世界的規模で活動を展開する世界一の自動車メーカーになっている。本書では，トヨタ自動車を代表とする日本的品質経営を推進する企業を分析し，そのベストプラクティスを，「日本的グローバル・オペレーションズ・マネジメント」としてまとめて紹介する。

本書では，企業の長期的存続にとって不可欠な経営戦略の中でも，特にグローバル・オペレーションズ・マネジメントの概念について説明し，そうした経営を支える人的資源のモチベーションやインテグリティ（真摯さ）につ

いても踏み込んで，新たな知見を発信することを目的とする。

(2) 研究の意義

前著『グローバル経営と戦略的クオリティ・マネジメント』では，2002年の「在中国日系製造企業のクオリティ・マネジメントの実践と成果の検証」結果，および2007年の「在米国日系製造企業を対象としたクオリティ・マネジメント実践と成果の検証」結果を踏まえて，経営戦略論をベースとしたグローバル経営の重要性について述べた。今回は，英国を中心とした「在欧州日系製造企業を対象としたクオリティ・マネジメント実践と成果の調査」結果を踏まえ，これまでの調査分析結果との比較データも示して，新たな知見を盛り込んだ書としてまとめることとした。

日本企業の海外展開について述べた著書は多いが，グローバル企業におけるクオリティ・マネジメントの実践と成果検証を踏まえ，その経営を支える人と組織のマネジメントについても言及して「日本的グローバル・オペレーションズ・マネジメント」の競争優位性について述べた書は，少ない[2]。本書が，グローバル・ビジネスに携わる人々，産学公の研究機関にて本領域の研究に関心を持つ人々にとって，意義のある研究成果の発信となることを期待するものである。

グローバル化の趨勢自体は止められない流れであり，内向きの政策に転換していく国が増え複雑化するグローバル市場において，日本の製造企業はどのような戦略をもって事業展開をすべきであろうか。また，グローバル企業を支える人と組織のマネジメントはどうすべきか，といった考察を行い，調査結果を知見としてまとめて発信することが，本書執筆の目的であり社会的意義であると考える。

2．問題意識と研究課題

英国のケンブリッジ大学 Institute for Manufacturing にて，2015年9月23

日と 24 日に開催された "Cambridge International Manufacturing Symposium" では，政府関係・産業界・学会の研究者が集い，「Global Value Network をいかに築いていくべきか」について発表と話し合いが持たれた。英国・ドイツ・フランス等欧州勢のみならず，米国・ブラジル・インド・中国等からの参加者によって，International Manufacturing や Global Operations Management についての取り組み事例やリサーチの分析結果などが報告された。そして，「企業のグローバル戦略を如何に展開すべきか」という問題意識を共有して真剣な議論が行われた。こうした多くの国の産官学の代表者が共有する問題意識を踏まえて，我々研究グループは，Cambridge 大学 Judge Business School の協力を得て，日系製造企業における Global Operations Management の調査と実証検証を行うこと，そしてジャパナイゼーション活動のコアとなった，ジャパン・クオリティ・マネジメントとインテグリティの関係についても研究することを研究課題とした。

　前述のように，反グローバル化やナショナリズム的保護主義の動きが拡がっている世界情勢の中で，新たな疑問や問題意識が湧いてくるが，本書を執筆するに至った筆者の問題意識は，およそ以下のようなものである。

- ▶わが国は，従来通り「貿易立国」「投資立国」を志向して行って良いのであろうか？
- ▶日本企業は，どのように「世界で稼ぐ力を支えるグローバル経営力」を強化させていけばいいのだろうか？
- ▶産業革命発祥の地であり，日本が明治時代から近代化の手本としてきた大英帝国の産業の盛衰から学ぶべきことは何か？
- ▶日本的経営の強みは何で，それは海外の企業にも移転可能なものだろうか？
- ▶グローバル経営を支える体制を，どのように構築していくべきか？
- ▶質の高い企業経営を支える人と組織のマネジメントを，どのように行うべきか？

3．本書の構成と特徴

　本書では，主題を「日本的グローバル・オペレーションズ・マネジメント」，副題を「ジャパン・クオリティを支える強いインテグリティ」として，上記の問題意識と研究課題について各章で論じる。本書の構成は，以下の通りである。

　第 1 章「グローバル経営と経営資源の国際移転」では，グローバリゼーションの概念説明と，日本のグローバル企業の戦略展開および日本的経営方式や生産システムの海外工場への移転について，先行研究の知見を参考にしながら述べる。

　次に，第 2 章「グローバル・オペレーションズ・マネジメント」では，その概念と成功事例について解説し，これまでの筆者等研究グループによる「経営の質を高めるクオリティ・マネジメントの実践と成果の検証」結果も提示して，海外市場での生産活動をどのように展開していくべきかについて考察する。

　第 3 章「英国産業の盛衰とジャパナイゼーション」では，我々研究グループの欧州（特に英国市場）での調査に関連して，英国産業の盛衰やジャパナイゼーションの動きについて振り返り，日本的経営の競争優位性について述べる。

　そして第 4 章「英国調査結果報告」では，海外の日系製造企業において実際にどのような品質経営が行われ，どういう成果を上げているかについて，2015 年 11 月から 2016 年 5 月まで，英国ケンブリッジ大学と中京大学との支援を得て実施した英国調査結果と発見事実を示す。

　また，第 5 章「ジャパン・クオリティとインテグリティ」では，これまでの我々研究グループの調査結果を踏まえ，日本の競争優位の源泉であるジャパン・クオリティの優位性，海外市場で評価される日本的経営の品質力とはどういうものか，そしてジャパン・クオリティを支えるインテグリティとは何か，について述べる。

第6章「質の高い経営を支える人と組織のマネジメント」では，質の高い経営を支える「人と組織のマネジメント」とはどうあるべきか，について考察する。特に，人は組織社会の中で仕事に対してどのような欲求を持ち，どのように行動するのか，モチベーションを高めるためにはどのようなアプローチが必要か，といった組織行動論的視点をもった分析を試みる。そして，終章では「総括と展望」としてまとめを行う。

　なお，本書の第1章と第2章は，宮川（2008）『グローバル経営と戦略的クオリティマネジメント』の第1章，第2章，第4章で取り上げたグローバル経営やオペレーションズ・マネジメントに関連する定義や説明を尊重し，それをベースとして最新のデータを取り入れて加筆修正したものである。また，第6章「3.（1）　人の意欲と行動」は，中京大学大学院の紀要『中京ビジネスレビュー』（宮川，2011）で発表した論文をベースとして，拙著『組織と人材開発』を参考に本書のテーマに沿って書き改めていることを付け加えておく（宮川，2010）。

　最後に本研究の特徴として次の六点を挙げる。
　第一に，理論的枠組みとして，グローバル・オペレーションズ・マネジメントについては，国際経営論およびクオリティ・マネジメント論，人と組織のマネジメントについては，人的資源管理論，組織行動論，ポジティブ心理学等をその理論的枠組みとして論じている点である。
　第二には，日本企業のグローバル事業展開の実態を把握するため，2002年7月に在中国日系製造企業52社から得られたデータ，2007年8月に在米国日系製造企業32社から得られたデータ，そして今回英国を中心とする在欧州日系製造企業18社から回収したデータの比較分析結果が盛り込まれていることである。
　第三には，使用した質問票・分析手法は，米・中・インド・カナダ・ノールウェーにおいて調査実績のあるグローバル・スタンダードのスケールを使

用していることである。これは，米国マルカム・ボードリッジ（MB）賞モデルという信頼性の高いスケールに基づいて構成されており，米トレド大学 Raghunathan 博士から使用許可を得たものである。

第四には，筆者自身が，中国に設立した日系合弁製造会社の現地社長としてオペレーションズ・マネジメントを実体験し，自動車部品メーカーおよび電子部品メーカーに籍を置き，日本の自動車産業・電子機器産業におけるグローバル展開業務に携わったバックグラウンドがあることから，傾向的にはベストプラクティス（最良の事例）とは何かを探る分析視点をとっていることである。

第五には，海外での実態調査結果を反映させている点である。リサーチの正確性を期すため，中国，米国，そして今回は英国で現地調査を行い，リサーチ対象となった企業の責任者とのインタビューを通じて一次資料を含む有効な参考資料を入手し，本論に反映させている点である。

第六に，学術交流の成果を反映させている点である。2003年8月の香港城市大学の Sun 博士を中心とする研究グループとのクオリティ・マネジメントの実践と成果に関する共同研究結果や，2007年1月の英国リーズ大学での国際学会および，2015年9月，英国ケンブリッジ大学の Institute for Manufacturing にて開催された "Cambridge International Manufacturing Symposium" における問題意識や議論を共有し，本書に反映させている点である。

（注）
1) グローバル化の潮流の中で，企業は地球規模での競争に勝ち抜くために最適な経営資源の国際的配分を行い，直接投資によって最適地に販売や生産の拠点を設営してきた。そして，グローバル事業活動を行うことで競争優位性を保持することに努めてきたのである（経済企画庁総合計画局編，1997, pp.6-9）。日本企業のグローバル化は，1984年のプラザ合意を境に海外直接投資に拍車がかかり，日本国内完結型の生産構造から北米・欧州・東アジア3極の分業構造の構築へと移行していった一連の動きを示す（三井編著，1999）。
2) 筆者自身，1973年から約30年間，グローバル企業の一員として輸出や海外市場の開拓，海外での合弁事業設立業務に携わり，中国への直接投資によって設立した事業会社の主管者として，グローバル・オペレーションズ・マネジメントを経験した

ことから，その重要性と共に継続的運営の難しさをよく理解できる。中国での合弁会社代表として海外事業経営に携わった際，取引先の東芝の総経理から，「モノづくりの前に人づくり」という考え方やトヨタ生産方式について教わり，作業標準の「見える化」や工場現場での5S活動を見習い始めて徐々に改善が進み，クオリティ・マネジメントの重要性に目覚めた。文化の異なる国での事業経営は，日本本社からの有形無形のプレッシャーと，現地の政治的・経済的・文化的制約の壁に阻まれて思い通りに進めないもどかしさ，結果を出さなければならないという焦燥感など，大きな精神的負荷がかかる環境下で実施される。こうした海外事業経営の一助となるものが，「グローバル・オペレーションズ・マネジメント」という経営手法である。

第 1 章

グローバル経営と経営資源の国際移転

　日本の主要製造企業は，グローバリゼーションという潮流の中で，産業構造の変化や為替の急激な変動に対応してきた。自らの市場競争力維持強化のためにグローバル化を図り，海外に生産拠点を築いて，異なった経営環境に適応してきた。本章では，グローバリゼーションの概念説明と，日本企業がこれまでどのようなグローバル化への対応を行い，海外直接投資を通じて日本的経営方式や生産システムをどのように海外工場に移転していったか，について述べる。

第 1 節　グローバリゼーションとグローバル経営

1．グローバリゼーション

（1）　グローバリゼーションの概念

　グローバリゼーションとは，球体や地球を表す globe の形容詞 global から派生した造語であり，「ものごとの展開規模が国家の枠組みを越え，地球

全体の規模に拡大すること─地球規模化」を意味する[1]。1990年頃から世界ではグローバリゼーションが進展し，それまで使われていた国際企業や多国籍企業（MNE=Multi National Enterprise）という大手企業だけでなく，規模の大小を問わない「グローバル企業」の活躍が注目を浴びるようになった。グローバリゼーションは，世界の経済発展に貢献する有益な経済活動を意味する，と肯定的に捉える考え方がある一方で，「グローバル化の受益者は，強欲な多国籍企業など世界の市場で搾取している者であり，貧富の格差を拡げて社会に害をもたらすものだ」と反対する人々もいる[2]。

　本書では，グローバリゼーションは，主に経済のグローバル化，つまり貿易や対外直接投資，短期の資本移動，人々の海外移住や移動，テクノロジーの普及など，様々な形の国際統合を指し，グローバル化の進展を肯定的にとらえているバグワティ（2005）の説を採る[3]。

　日本企業は規模の大小に拘らず，海外市場に乗り出す国際化や，海外から日本市場に押し寄せる輸入品や外資企業の増加といったグローバリゼーションの波にさらされている。そうした中で，企業は，新たな経営環境に対応した競争優位を確保するグローバル経営の必要性に迫られているのである。昨今「保護主義の台頭」が懸念される国が増えているが，日本は，「貿易立国」「投資立国」の旗印を掲げており，日本企業は，「外でも稼ぐ力」を強化していく必要がある。

　日本企業の海外進出意欲は依然として高く，ジェトロが実施した「2015年度日本企業の海外事業展開に関するアンケート調査」結果でも，今後（3年程度）の海外進出方針（新規または既存拠点の拡充）は，「拡大を図る」と回答した企業の割合が，53.3％と過半を超えている（ジェトロ編，2015）。そこには，グローバルな経営戦略をもって最適市場近くに生産・開発・販売拠点を置き，その国の政策・事情に沿った「グローバル経営力」を強化していこうとする意欲がみられる[4]。

（2） 世界経済の動向と日本経済のグローバル化

2008年9月に米国で発生したリーマン・ショック後，金融危機が世界規模で拡大し，2009年にはギリシャ債務問題が顕在化して，欧州債務危機連鎖により世界経済は大きく揺り動かされた。そして世界経済危機以降，各国の経済成長は鈍化しており，総需要の伸び悩みや潜在成長率の低下傾向にある。

直近（2015年）の世界経済は，新興国・発展途上国の経済成長率が鈍化して，投資や貿易の伸びが以前ほどではないものの，世界経済への寄与率が26.3％まで高まった先進国が，牽引する図式となっている。グローバル化が進展する中で，先進国のグローバル企業は新興国に直接投資を行い，その国の豊富で安価な労働力や資源を活用して，国境をまたぐ垂直国際分業を進めて Global Value Chain（IMF）という生産ネットワークを構築してきた[5]。

日本では1980年代半ばから，大企業を中心として円高に伴う高コスト構造の打開，国際的価格競争や貿易障壁への対応，という目的をもって海外への生産移転を推し進めるグローバル化の動きが加速した。こうした日本企業の海外展開が本格化したのは，ほんの30年程前のことである。1985年後半（プラザ合意後）からの急激な円高の進行によって，日本からの輸出採算が悪化した。仕向地での輸入規制や保護主義の動きに対応するために海外生産へのアクセルが踏まれ，海外直接投資も飛躍的に伸びていったのである。

日本の海外生産投資は，1960年代まではアジアなど発展途上国向けの比較的小規模な投資が中心であったものが，1980年代に入ってからは，先進国向けの大規模な直接投資が目立つようになり，多国籍化が進んでいった。こうした動きは，欧米先進国が展開していたグローバル経営戦略と多くの共通点を有している[6]。

経済産業省の『通商白書2016』によると，海外に拠点を構える日系企業の数は近年増加しており，2014年時点で68,573拠点にものぼっている。わが国の経済成長を，より強固で安定的なものにしていくためには，貿易立国と投資立国としての基盤をしっかりと構築し，「国際的なルール形成の視点

を経営に取り入れること」が重要である。

こうしたグローバル経営の方針が成果につながっている事実を示す一つのエビデンスが、日本の主要業種別対外直接投資収益の推移である。図表1-1で示すように、わが国のグローバル企業の対外直接投資からの配当金や再投資収益等の受取額を示す直接投資収益は、2015年で895億ドル（2014年で986億ドル）という高水準にまで達する勢いで、日本企業のグローバル経営の重要性の裏付けとなっている[7]。

(3) 産業のグローバル化の歴史

吉原他（1988）による歴史的なグローバル経営の分類を参考に、以下にその特徴を示す。

① パックス・ブリタニカ（第一次世界大戦までの英国中心の世界経済体制）

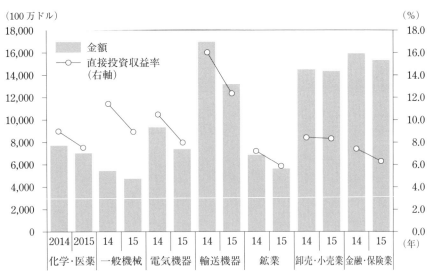

図表1-1 日本の主要業種別対外直接投資収益・受取額、収益率

注) 対外直接投資収益率＝当期直接投資収益受取／対外直接投資期末残高×100（％）
出所) ジェトロ編（2016, p.36）。

産業革命を成し遂げ，世界の七つの海を支配していた英国は，1870年代には世界の工業生産の31.8％を占め，世界の工場と呼ばれていた。この工業力と世界一の海運力，広大な植民地，そして世界の金融センターであるロンドンのシティをバックに，英国は北・南米，インド，オーストラリア，南アなど多くの国に海外投資を行った。ユニリーバ，ICIなどの英国製造企業が，グローバル経営を展開してきた企業例として挙げられる[8]。

② パックス・アメリカーナ

第一次世界大戦後，米国が世界経済の主導的地位を引き継ぐようになり，米国の工業生産は世界の半分以上のシェアをもっていた。米国の製造企業が海外進出を本格化させたのは1950年代のことで，1960年代後半には，世界の海外直接投資残高の53.8％を米国が占めていたとのことである[9]。

③ 多極化の時代

1970年代に入ると米国経済は勢いを失い，1985年には債務国に転落する。アメリカの代わりに力を発揮してきたのが，欧州と日本である。現在は中国にその名は移っているが，この時期日本が「世界の工場」と呼ばれた。歴史を振り返ってみれば，日本はその近代化黎明期の明治維新（1868年）前後から英国同盟が解消される1923年当時までの70年あまりは，パックス・ブリタニカの影響を強く受けた。そして，第二次大戦後（1945年）の復興期の30年程は，パックス・アメリカーナの影響を受けながら産業の基礎つくりをしてきたと言えよう。

英国や米国においては，自国の多国籍企業が海外進出することによる産業の空洞化を懸念し，対内投資促進策によって強い外国製造企業を呼び込んだことが，自国のローカル産業を弱体化させた，という見方もできる。海外進出と国内産業の空洞化の問題は，多くの国で議論されてきたことである。トヨタ自動車のように，国内工場の現場の生産性向上のために社員の長期的安定雇用を約束し，日本国内に生産性の高い工場を残しつつ海外での市場立地

も進める，複数の軸足で立つ経営を目指している企業も多い[10]。国内に生産性の高い工場を残し，海外の最適地での生産拠点も維持して，為替の動きや現地マーケットの特殊性を睨みながら，全体観を持ったグローバル経営を志向する企業が増えている。このように，経営の軸足を日本にも海外にも持つ「日本型グローバル・オペレーションズ・マネジメント」の戦略的重要性が，一層増していると言えよう。

(4) グローバル企業

グローバル企業とは，具体的にどういう企業を指すのであろうか。米フォーチュン誌が年1回編集し発行する「フォーチュン・グローバル500」が，世界規模で売上を誇るグローバル企業のランキングを公表している。そのトップ10グローバル企業として，トヨタ自動車が8位にランク付けされている[11]。平成12年には，その500社の内100社を超える日本企業がランクインされていたものが，年々減り続けて今では1割強に後退している。ちなみに，7位にランクされているドイツのフォルクスワーゲン（VW）も，中国市場等に経営資源を投入し，生産・販売活動を展開してきたグローバル企業である。こうしたグローバル企業による海外事業展開の経営手法が，「グローバル・オペレーションズ・マネジメント」である。

通商白書（経済産業省編，2015）によると，日本企業のグローバル活動は，世界経済の中で着実にそのシェアを増加しつつあり，グローバリゼーションへの対応は，企業競争力の維持拡大にとって重要な意味を持つことが示されている[12]。グローバル市場においてわが国産業は，グローバル・バリュー・チェーン（Global Value Chain「GVC」）という，「複数国にまたがって配置された生産工程の間で，財やサービスが完成されるまでに生み出される付加価値の連鎖」への参加度を高め，国内外の生産要素の最適配分を実現し，生産性の向上を図ってきたのである[13]。

経済同友会が行った経営者に対するアンケートにおいて，「10年後にも競

争力を持つために日本企業が取り組む必要がある課題」として,「グローバル化への対応」という回答の割合が年々高まっていることが報告されている(図表1-2)。また,通商白書では,日本企業を対象とした実証分析においても,企業が海外進出の程度を高めることによって収益力を向上させている傾向がある,という研究結果を示している[14]。

図表 1-2　10 年後にも競争力を持つために日本企業が取り組む必要がある課題

(単位：%)

	2012年度実績 (n=431,5つ以内選択)	2009年度実績 (n=390,5つ以内選択)	2008年度実績 (n=382,3つ以内選択)
イノベーション	66.1	61.5	57.9
労働力の確保	9.7	11.3	6.8
人材の能力向上	57.3	63.6	40.3
優れた経営者・リーダー育成(獲得)	55.5	50.0	35.1
国際標準の確立	12.5	11.3	2.9
コスト競争力の強化	47.3	45.1	22.5
資源ひっ迫への対応	8.1	9.2	7.9
独自性の高い製品・サービスの創出	58.9	64.9	44.5
ブランドの確立,ブランド力の強化	27.6	26.7	11.3
グローバル化への対応	68.9	60.8	34.0
コーポレート・ガバナンスの強化	8.1	16.2	5.2
財務体質の強化	16.2	22.6	11.0
積極的なIRの展開	2.3	1.5	1.0
産官学の連携強化	13.9	10.3	4.7
CSRの取り組み(環境問題対応を含む)	4.6	19.7	9.2
その他	1.9	1.5	0.5

出所)　通商白書,第Ⅱ-2-3-1-4図　経済同友会「企業経営に関するアンケート(2012年度実施)」(経済産業省編,2015,p.270)。

2. グローバル経営

(1) グローバル経営の概念

　グローバル経営とは，「グローバルに分散配置された，相互に連携し合う拠点からなる企業の営みや経営のあり方」と定義される[15]。バートレット＆ゴシャール（1990）は，グローバル市場で活躍する企業を分析して，以下のように4つのグローバル経営の分類を紹介して注目を浴びた。

① 　マルチナショナル型企業は，「国別に顧客の志向，産業に関する特徴，政府の規制等の差異に機敏に対応し，その製品とサービスを差別化することによって経営を行い，各国の子会社に大幅な自由裁量権を与えて各国の市場環境に柔軟に適応していく」特徴を持つ。ユニリーバ，フィリップス，ネスレといったヨーロッパ企業が，その例として示されている。

② 　グローバル型企業は，「グローバルな効率の良さを求めて，戦略や経営の決定権を中央に集中させ，自社製品に対してコスト上，品質上最高の地位を築くため不断の努力を払い，世界を統一された一つの市場と考えて製品や戦略を開発している企業」である。トヨタ，キャノン，コマツ，松下電器産業など日本の国際企業が，その例として挙げられている。

③ 　インターナショナル型企業は，「知識（技術を含む）や能力を世界各国に移転して組織の拡大を図り，海外での競争優位の源泉として本国でのイノベーションを重視する点が特徴的」である。ファイザー，P&G，GEといったアメリカ系の国際企業が，このタイプに属している。

④ 　トランスナショナル型企業は，「マルチナショナル型企業の適応性，グローバル型企業の効率性，インターナショナル型企業のイノベーションの開発と普及，の3つを同時に取り込む」ハイブリッドタイプである。「世界中にある非常に専門化した組織単位を結びつけて，効率，適

応性，イノベーションという多次元の戦略課題を達成させる」理想型の機構として紹介された[16]。

　本書では，特に②にあたる「日本型グローバル企業」の代表例として，トヨタ自動車のグローバル経営に注目する。同社は，グローバル戦略を本社主導で立案し，品質とコスト競争力を追及して世界の拠点での開発・生産・販売を統合している点で，グローバル・オペレーションズ・マネジメントの成功事例と言えよう。

(2) グローバル経営戦略

　グローバル企業における経営戦略は，グローバル市場での優位性を確保するためにとられる経営戦略であり，グローバル戦略の実行によってグローバル経営が展開されていくことになる[17]。日本企業のグローバル経営戦略の主なる狙いは，「比較的安価な進出先の労働力や優秀な人材確保による事業利益増や市場の確保」であり，「貿易摩擦の回避や為替対策等，経営の軸足を海外にも構築して，最適地生産・最適地調達を図ること」であった。1980年代に日本企業の海外への生産シフトが進み，組み立て加工メーカーが海外進出を決定する際には，信頼できる品質をもった部品材料を安定的に供給してくれるサプライヤーや，金型・プレス等の優れた加工技術を持つサポーティング・インダストリー（裾野産業）と呼ばれる協力会社を巻き込むかたちで，国際分業体制が築かれていった。このように，裾野産業（協力工場）まで巻き込んだグローバル経営を進めた結果，海外生産比率が高まり，海外事業の運営の適否が本社の経営に直接影響を与える企業が増えてきたのである。

　こうした経営環境の変化に対応してグローバル化を図り，技術革新の進展による経営環境の変化に対応してきた企業と，それをして来なかった企業の間で，国際競争力の格差が生じたことは否めない。グローバル経営を指向する企業は，経営資源を海外に配分する負担と海外事業に伴う諸々のリスクを

負うものの，グローバル市場における「規模の経済」や「範囲の経済」から得られる利益や情報によって，更に競争優位性を築くチャンスに恵まれる可能性も大きいのである。その意味で，世界の主要拠点に配置された R&D，生産およびマーケティングの機能をグローバルな経営視点をもって統合し，競争優位性の維持拡大を図っていくグローバル経営戦略の重要性は，一層増していると言えよう。

3．グローバル経営と生産性の向上

（1） 日本経済の概況

　日本経済を振り返ると，1990 年代にバブルが崩壊して日本経済は長期停滞期に入り，2008 年 8 月のリーマンショックによる世界的大不況，2011 年の東日本大震災・津波・原発事故，タイで起こった洪水等で日本企業は大きな影響を被った。こうした環境変化の中で，競争力を韓国・台湾・中国に譲っていった家電メーカーの経営不振のニュースが流れ，日本企業の優位性や，ジャパナイゼーションに対する世界の人々の関心が薄らいだことは，否定できない。しかしながらこの間，日本と日本企業は足踏みをしていた訳ではない。日本の主要製造企業は，海外市場への経営資源配分を増やし，人的資源の育成を図って海外生産拠点を築き，最適地生産，最適地調達を進めてグローバル事業体制を構築してきたのである（河村編, 2005, p.12）。

　2015 年度には，円安に推移したことから輸出も増え，過去最高の決算を発表する企業が増えて日本経済は回復してきた。トヨタは，2015 年度決算（2016 年 3 月）で，2 兆 8,539 億円の営業利益連結売上 28 兆 4,030 億の 2 年連続で過去最高を更新した。自動車の販売台数においても，4 年連続（2012 年～2015 年）で世界一の座を維持している。

（2） グローバル経営の成果

　日本の製造業は，先進国型経済システムに近い形で，独特の国際分業型に移行してきている。経営方針・技術・開発・設計は，日本主導として日本国内にも生産設備を残し，部品材料の調達については，立ち上げ期は日本本社から供給して，次第に現地調達率を増やしてゆくことで国際分業体制を築く，という日本独特のグローバル経営戦略を展開してきた。

　グローバル企業の代表格であるトヨタ自動車，日産自動車，ホンダなど自動車企業の多くは，欧米やアジア市場の成長余地が大きいと判断して，経営資源の海外シフトを進めてきた。日本市場は，少子高齢化などで大きな成長を見込めないため，日本企業にとって海外市場での事業展開は一層重みを増している。連結営業利益に貢献できる海外事業を運営し，その規模を拡大していくためには，海外であげた利益を現地で再投資することや，海外法人トップの現地化など，財務戦略や戦略的人的資源管理等の見直しも経営課題となる。

　10年前の経済産業省編『通商白書2006』（第2-2-35表）では，国際事業ネットワーク形成の意義として，次の3点を挙げている。

① 企業固有の強みをいかせること，低コスト生産が可能となり企業の生産性が向上すること，といった各企業に対するミクロレベルでの効果。
② 産業内での競争レベルが上昇することで，各産業の生産性が向上するセミ・マクロレベルでの効果。
③ 国内の労働・投資が，より生産性の高い分野へ移動することで，国全体の生産性が向上するマクロレベルでの効果。

　以上のように，国際事業ネットワーク形成の進展が，幅広く日本の成長を押し上げる効果について説いている。こうした効果が，日本のグローバル企業の競争優位性向上に寄与してきたと言えよう[18]。

第2節　経営資源の国際移転

1．対外直接投資の動き

（1）　世界の対外直接投資

　世界の対外直接投資は，特に欧米において堅調で，2014年では1兆3,540億ドルで前年比3.7％増となっている。EU向けの直接投資額は，前年比50.5％増の4,395億ドルと急増した。主要国では，ドイツへの投資が317億ドルに回復し，フランスの投資受け入れ額も，前年の2.8倍の429億ドルとなった。一方，英国は24.6％減の395億ドルにとどまった。

　製造業では，自動車の投資額が前年比70.6％増という伸びを示している。自動車と同部品を併せたグリーンフィールド案件の投資先シェアとしては，米国18.8％，メキシコ10.7％，中国13％，インド10.5％，英国4.2％となっている。

（2）　日本の対外直接投資〈直近のデータ〉

　日本の直接投資は，1985年のプラザ合意による円高の影響や，貿易摩擦等の要因で海外生産が増大し，日本企業のグローバル展開が本格化した。過去10年程の日本の対外直接投資の推移（ジェトロ作成の2002-2015年のデータ）は，図表1-3に示している通り，大きく変動している。

　2008年の対外投資が，非製造業において2.5倍に増加したことから1308億ドルまで伸びたが，2008年後半から世界的金融危機が拡大したことにより，2009年と2010年の対外投資は大きく落ち込んだ。そして，2011年以降着実に投資が増え，2013年には1350億ドルを記録した。投資全体の48％を

図表1-3　日本の対外直接投資推移

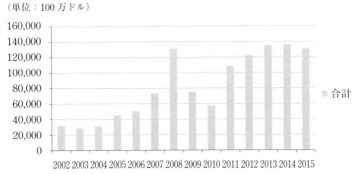

出所）ジェトロ《https://www.jetro.go.jp/world/japan/stats/fdi.html》日本の直接投資国・地域別長期データより数値を抜粋し，筆者にて表を作成。

占める製造業は，2010年に178億ドルに低下したが，輸送機械関連の増加要因もあって，2014年には540億を超す水準となった。

また，2015年の日本の対外直接投資は，前年比4.1％減の1,308億ドル（国際収支ベース，ネット，フロー）であった。前年を下回ったものの，2011年以降5年続けて1,000億ドル台を突破した。日本の対外直接投資の国・地域別構成比をみると，最大の投資先は，全体の34.3％を占める米国向けであった。米国のシェアは2012～14年に継続して拡大しており，投資先としての存在感が高まっている。北米に次いで多い欧州向けの投資額は，25.5％増の346億ドル（日本の対外直接投資全体の26.4％）となった。国別では欧州最大の投資先である英国向けが，前年の2.3倍の152億ドルに拡大した。

日本の国・地域別対外直接投資の推移は，図表1-4に示されるように，北米，アジア，欧州の順であり，今回の調査対象地域の欧州向け投資は，過去10年では2011年がピークとなっている。

(3)　業種別対外直接投資

製造業の中でも産業別の構成比をみると，2014年の実績では，食料品が

16％と高い構成比を示しているが，2012，2013 年では，20％を超える輸送機器関連の投資が目立っている。製造業種別投資額では，輸送機器への投資額が 100 億ドル（5.0％増）と大きく，電気機器 82 億ドル（37.5％増），一般機械 79 億ドル（12.3％増）と続いている。輸送機器の投資先は，米国向けが 56.4％増の 27 億ドルで最大であった[19]。2015 年の米国の新車販売台数が，前年比 5.7％増の 1,747 万台と過去最高を記録したことから，日系完成車メーカー各社は米国での生産を拡大させており，部品メーカーや自動車用鋼板など，素材メーカーが生産拠点の強化に動いたことによるものとみられる。

　日本企業の今後の海外進出の見通しについては，ジェトロが実施した「2015 年度日本企業の海外事業展開に関するアンケート調査」結果を示したい。今後（3 年程度）の海外進出方針（新規または既存拠点の拡充）を尋ねたところ，「拡大を図る」と回答した企業の割合は，前年の 56.7％からは低下したものの 53.3％と過半を越え，日本企業の海外進出拡大意欲は依然高い

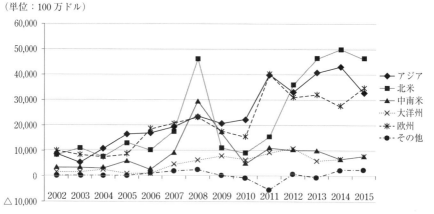

図表 1-4　日本の国・地域別対外直接投資（国際収支ベース，ネット，フロー）
（単位：100 万ドル）

注）　2011 年については，「世界」のみ訂正（2012 年 12 月 10 日発表分）を反映しているが，国・地域別についてはデータ未発表のため遡及訂正を実施していない。その他には中東・アフリカが含まれる。
資料）　「国際収支状況」（財務省），「外国為替相場」（日本銀行）などよりジェトロ作成数値を基に筆者作成。

水準にある[20]。さらに，海外事業拡大方針を有する企業に，今後の投資方針を聞いたところ，経済情勢などを反映して，中国（前年56.5%→53.7%），タイ（同44.0%→41.7%）が1位，2位を占めたものの，前年からそれぞれ減少した。中国は，2011年度調査の67.9%から減少傾向が続いている。一方，米国（同31.3%→33.7%，3位），ベトナム（同28.7%→32.4%，4位），西欧（同18.1%→20.6%）は，増加傾向にあることがわかった。

（4）日本企業の海外売上高比率

「グローバル化への対応」の第一歩は，海外市場への輸出である。直近の日本の輸出額は，2015年度で75兆6139億円である。ジェトロの調査では，186社の調査対象企業の海外売上比率は平均で58.3%，特に輸送機械では，62.5%まで高まっている。日本の市場以上に海外マーケット向けの販売が多いということで，貿易立国日本の実像を示している。また図表1-5の日本企

図表1-5　日本企業の業種別売上高の地域別比率（2015年度）

（単位：%）

業種（集計社数）			国内	海外	米州	欧州	アジア大洋州	その他
製造業		（151）	40.8	59.2	26.6	9.1	18.5	4.9
	輸送機械	（47）	37.5	62.5	31.7	7.9	17.2	5.6
	機械・電気製品	（58）	46.4	53.6	15.6	14.0	20.5	3.6
	電気機器	（23）	41.5	58.5	16.7	15.7	22.3	3.8
	素材・素材加工品	（31）	54.1	45.9	9.3	5.9	27.7	3.0
非製造業		（35）	63.7	36.3	10.0	3.5	15.2	7.6

注）①製造業はデータベースSPEEDA大分類の輸送機械，機械・電気製品，素材・素材加工品，医薬・バイオ，食料・生活用品からなる。非製造業は同データベース大分類の建設・不動産，消費者サービス，外食・中食，広告・情報通信サービス，法人サービス，中間流通，金融，運輸サービス，資源・エネルギーからなる。②電気機器は同データベース中分類の情報通信機器製造，民生用電子機器製造，電子部品・デバイス製造からなる。
資料）SPEEDAから集計し作成。
出所）ジェトロ編（2016, p.37 図Ⅰ-56）を転載。

業の業種別売上高の地域別比率でわかるように、製造業の海外市場としては米国向けが全体で26.6％、中でも輸送機械では実に31.7％という割合になっている。このように、米国市場への依存度が大きいのが、わが国の輸出の特徴である。

2. 日本的経営システムの国際移転と環境適応

(1) 日本的生産システムの特徴

日本的生産システムは、「大量生産をベースにしながらもジャスト・イン・タイムなどの手法を駆使して実現された多品種少ロット生産」をその特徴としており、「多様な需要とその変化に機敏に対応しながら生産現場において高い生産効率と製品品質を両立させる」システムである[21]。それは、アメリカのフォード生産システムのように大量生産の後で欠陥品をはねる方式ではなく、「工程での品質の造り込み」によって不良品を出さないシステムである。また、「作業者自身が決められた作業標準に基づいて品質の確保に努力し、後の工程には不良品を流さぬ方式」であり、不良が生じた場合には徹底的に原因が究明され、「対策として作業の仕方、生産設備や製品設計にまで遡って品質管理を徹底させるシステム」となっている[22]。こうした日本的生産システムによって、日本の製造企業の品質競争力は格段に向上したのである。

(2) 日本的経営システムの国際移転

グローバル化の進展に伴って、1980年代後半から日本企業の海外進出先も広範囲になり、多様な環境の中で経営資源を投入して生産拠点を築いて、自社の経営・生産システムの移転を図る企業が増えていった。苑編（2006）研究グループによる日本的生産システムの定義は、「参画型の協調・共存的な人間関係をベースとして形成・運営され、柔軟な作業組織や蓄積型の技

術・技能形成，そして全員参加型の品質管理や設備保全方式，長期提携型のアセンブリー・サプライヤー関係，およびその強みの中心となった工場現場主義的管理運営方式」である[23]。そして彼らは，日本のグローバル企業には，「北米や東アジア地域で展開した，オペレーションズ・マネジメントの経験を新たな海外進出先でうまく活用し，現地の事情に精通した有能な人材を経営の柱として事業運営を図ろうとする経営スタイル」が見られる，との分析結果を示している[24]。

　日本の「失われた20年」と言われた時期にも，日本のみならず世界の生産拠点において，継続的改善の手をゆるめることなく，自社独自の経営・生産システムの国際移転と定着を図ってきた，トヨタやホンダなどに代表される日本の製造企業の優位性は，現在においても世界トップレベルにある。

3．先行研究

（1）　経営・生産システムの国際移転

　本項では，日本型経営・生産システムの海外移転と国際的適用性というグローバル経営における重要ポイントについて研究する[25]。

　河村編（2005）は，在北米日系製造企業における日本型生産システムの受容と普及および変容に関する実態調査結果を踏まえ，日本型システムの現地工場への「適用と適応」，現地のシステムや諸要素とのハイブリッド化の傾向が見られることを発表している。

　日本の主要製造企業は，産業構造の変化や為替の急激な変動に対応して，自らの市場競争力維持強化のためにグローバル化を図り，海外に生産拠点を築いて異なった経営環境に適応してきた。これは，前述した「グローバル・バリュー・チェーン」という，「複数国にまたがって配置された生産工程の間で，財やサービスが完成されるまでに生み出される付加価値の連鎖」への参加度を高め，国内外の生産要素の最適配分を実現してきたことを示してい

る。特に，自動車・電機・一般機械の製造業を中心とする日本企業が，その最大の進出先である米国において，1970年代の日米貿易摩擦や日本円の為替変動という環境変化に対して現地生産という選択肢をとったことは，戦略的環境適用の典型的事例と言えよう。

そして，在米国日系製造企業における日本的システムの適用と適応の試みが行われた1980年代後半に，いわゆるジャパナイゼーションの動きが本格化する。トヨタとの合弁会社NUMMIを立ち上げたGM，マツダと組んだフォード，そして三菱をパートナーとしたクライスラーが，日本的システムの優位性に目を見張り，戦略的環境適用を図ったこともその一例である。

(2) 日本の製造企業の強み

また，安保編著（1999）の日本多国籍企業の研究グループは，日本的経営・生産システムのアメリカへの移転実態を調査し，「日本製造業の国際競争力を高めた最大の要因は，経営者・技術者・生産現場の要員が三位一体となってモノづくりに取り組むという企業経営のあり方と，それに支えられたモノづくり面における強みにある」と結論づけた[26]。

そして，クオリティ・マネジメントについて，「日本の製造企業の強みは，品質のよい製品を効率よく生産することにある。効率よく品質のよいものを生産する製造管理システムを作り出したこと，それを支える人材を育成してきたことが，日本企業の強力な国際競争力を支えている」と強調している点で，我々研究グループと共通した認識を示している。

さらに，安保らの調査対象となった在米国日系製造企業では，「品質の作り込みを重視するが，日本的品質管理方式をそのまま適用しているのは3割しかなく，7割が現地の品質管理方法を取り入れた方式になっている」という指摘に注目する。「品質の作り込み」のためには，従業員が品質意識をしっかり持つことが必要であるが，安保らの調査では，「ライン上で前工程へのフィードバックをしない為，品質検査のための管理要員を日本の倍近く置いている」との指摘がある[27]。また，アメリカ型の生産システムをベース

として，日本型システムの要素を取り入れた「修正アメリカ型」のオペレーションに移行した例も示されている[28]。これが，ジャパナイゼーションの流れの中でも移転が困難な部分であり，品質管理や生産技術・生産管理部門において日本人出向者をなかなか外せない，という現実に結びついている。

一般的にアメリカの工場では，作業者の職務はジョブ・ディスクリプションとして，その責任範囲と賃金額が予め明確に決められている。一方，日本の工場では，現場の作業長が現場主義の中核として作業管理と労務管理を行い，チームリーダーとして改善活動をリードするというルーティン業務を超越した役割を果たし，現場と経営側との結節点にあることが特徴的である[29]。

こうした先行研究から得られた知見を踏まえて，米国と同じアングロサクソン系の多い英国でも同様の傾向がみられるのか，あるいは異なったオペレーションがなされているのか，という大きな関心をもって欧州での調査に臨んだ次第である。

（3）適用と適応モデル

「適用と適応のハイブリッド・モデル」は，安保ら研究グループが唱えたもので，日本企業が海外生産を進める際に，「自社の競争上の強みを生かすために，その経営・生産システムを現地工場に持ち込んで〈適用〉すること，一方で，日本とは環境の異なる現地のシステムに〈適応〉しようとすること，その結果いかなる適用と適応のパターンが形成され，経営成果をあげているのかという研究である[30]。

河村編（2005, pp.369-378）は，その研究グループによる北米地域69工場と東アジア70工場，欧州56工場を対象とした調査を比較した。そして，日本的経営システムの生産管理の現地適用度は，「3地域共に高く，日本型生産システムの機能的コアは定着しており，全体的に欧州のハイブリッド工場は，北米的要素と東アジア的要素を併せ持つ中間的位置付けになっている」と述べている。この点も，マネジメント方式のハイブリッド化の拡がりを示

す報告として注目される[31]。

　また，安保ら研究グループの「適用と適応モデル」に基づいて，郝（1999）は，米国とは異なった環境の中国側の影響要因を研究し，日本・米国および中国各々の国の生産システムの諸要素の比較を行った[32]。そして，「日本企業の量産技術の優位性は，単に設備の先進性によるものではなく，現地の人間の役割—人的要素に大きく依存している」と指摘した。作業現場の能率と品質を高めるには，「作業者のやる気・技能向上を促進する手段である，査定・昇進・昇格などの評価システムや生産システムとの関係を考慮しなければならない」と，人的資源管理についても言及している点が興味深い。

　以上のような先行研究も踏まえて，グローバル化を図って海外に生産拠点を築き，異なった経営環境に適応してきた日本企業の海外現地法人の試行錯誤を分析するとき，「日本企業の量産技術の優位性は，現地の人間の役割—人的要素に大きく依存している」という人的資源の重要性が一層浮き上がってくる。本社から派遣された日本人駐在員を介して，経営方式・生産システムの国際移転が図られ，定着徹底努力が行われてきたこと，グローバル経営の最前線での企業努力の積み重ねが，その企業の競争優位性とその生産性を向上させてきたと言えよう。

（注）
1) 「国際化」の英語 internationalization よりも，国家の垣根を越えた地球規模の自由な活動をイメージさせることから，1983年頃から使われ始めた。赤羽他編著（2009）は，グローバリゼーションを，「資本の集積・集中のグローバルな展開であるとともに，そのグローバルな相互依存関係の緊密化」と定義している（p.3）。
2) グローバル化の進展により，良いことも悪いことも，瞬時のうちに地球全体規模で拡大するようになった。金融危機後，新たな保護主義的な政策が増え，貿易の自由化が行き詰まって国境を越えたマネーの動きが鈍り，保護主義的政策をとる国が増えていることから，「主要先進国の経済成長が鈍って格差が拡大し，世界のパワーバランスに大きな変化が生じている時にはグローバル化の流れは消えてもおかしくない」とする指摘もある（〈英ファイナンシャル・タイムズ　マーティン・ウルフ〉『日本経済新聞』2016年9月11日付朝刊）。

3) バグワティ（2005）に詳しい。
4) 経済産業省編（2015, p.269）。
5) ジェトロ編（2016）。
6) 吉原他（1988）に詳しい。
7) ジェトロ編（2016, p.36）。
8) 吉原他（1988, p.10）参照。
9) 吉原他（1988, p.11）参照。
10) 藤本（2015, pp.84-85）。
11) ①ウォルマート（米国）②国家電網（中国）③中国石油天然気集団（中国）④中国石油化工集団（中国）⑤ロイヤル・ダッチ・シェル（オランダ）⑥エクソンモービル（米国）⑦フォルクスワーゲングループ（ドイツ）⑧トヨタ自動車（日本）⑨アップル（米国）⑩BP（英国）／出所：フォーチュン・グローバル500　2016年世界売上上位10社。
12) わが国の製造企業は，自社が比較優位を有する生産工程に特化し，不採算部門については国外へのアウトソーシングを進めることで，国際的に最適な生産体制の構築に取り組んできている（内閣府編，2014）。
13) 内閣府編（2014, p.209）参照。
14) 通商白書によると，グローバル化を進めることが自社の生産性を上げるだけでなく，日本や進出国の生産性向上にも貢献する可能性が高いことがわかってきた（経済産業省編，2006, pp.96-100）。この調査結果によると，「海外進出企業は非進出企業と比較して企業業績などが良好」であり，「海外進出により企業の生産性が向上」していることが明らかになった。
15) 佐藤編著（2005）は，企業のグローバル化戦略を，「企業の長期安定，成長を実現するために既存の各種システムを前提とせず，各種資源の組み合わせを地球的規模で最適化させ，同時に地球的市民権の確保を実現するための適応計画」と捉え，グローバルなスケールで最適化を図る戦略的意思決定の必要性を説いている（pp.234-254）。
16) 当時はスイスのABBの名前が挙げられていたが，同本社で強い指導力を発揮していたバーナビク会長の引退に伴い，その組織編成も改編された。
17) 安室編著（2007）は，「グローバル経営は，必ずグローバル戦略を伴う」と説いている（p.18）。
18) 日本経済新聞社と日経リサーチの共同開発による優良企業ランキングでは，グローバルな競争力を高めようとしている企業ほど高い評価を得ている事実がある（『日本経済新聞』2007年3月5日）。
19) ジェトロ編（2015, p.29）。
20) ジェトロ編（2016, p.37）。
21) 本書では，板垣編著（1997）による定義を採用する。
22) 板垣編著（1997）参照。日本的生産システムを支える長時間労働，高密度労働や職場での濃密な人間関係，常に創意と工夫，高い効率性と品質を求められる従業員の負担を考える時，それを支える組織が雇用の安定，充実した福利厚生，知識と技能習得機会を提供する，という一種のギブ・アンド・テイクの関係が存在するという指摘は興味深い（p.13）。
23) 苑編（2006）は，「日本の歴史的社会的な土壌の上に形成・発展してきた日本的

生産システムが，社会的・経営環境の大きく異なる地域にどのように移転されているか」という調査を行ってきた。
24) これは，後述する英国調査の際にも発見された事実であるが，英国トヨタでは，米国トヨタのオペレーションズ・マネジメントの経験が，うまく活用されていた。苑らは最後に，「日本的生産システムの要は，創造的破壊の企業家精神や生命力のある革新的な英知の結晶であり，生産システムそのものが進化していくことが，優位性を維持する要である」と結論づけている（苑，2006, p.352）。
25) 日本多国籍企業研究グループ（安保・河村他）の研究報告の中で，本書のテーマに関係する分野について参考にしながら述べる。
26) 安保ら研究グループは，1980年代初めから日本多国籍企業研究グループを組織して，日本企業による日本的経営・生産システムのアメリカへの移転問題に関して，日本システムの「適用と適応」，そしてハイブリット化の状況について調査を行ってきた。日本的システムを海外事業会社がそのまま適用していると見られる場合には，適用・適応（ハイブリット）モデルに準じたスケールを用いて5段階評価の5として示し，逆に日本的システムがアメリカにはなじまずにアメリカ式のシステムに適応している場合を1として評価した結果をまとめている（安保編著，1999, p.8）。
27) 安保編著（1999）の調査結果では，在米国日系製造企業においても「品質の作り込みを重視するが徹底されているわけでなく，米国風に検査員も配置する」というハイブリッド型になっている点が指摘されており，注目される。自動車組み立て工場においてさえ，品質上の欠陥をみてもそのまま流し，検査工程にチェックを委ねるという現地従業員の行動様式があり，品質トラブルを最小限に抑えようとする日本人アドバイザーの存在が不可欠である，とする声は根強い（pp.159-189）。
28) アメリカ型をベースとして日本型経営・生産システムの要素を取り入れた「修正アメリカ型」の例：NUMMIにおけるトヨタ方式による「工程での品質の作り込み」をモデルとするGMランシング工場の"Verification Station"方式や，ラインサイドのカイゼン・ラボ方式，日系電機工場におけるTQC手法のアメリカ版である「シックスシグマ」導入などが例に挙げられる。(河村編，2005, p.371)
29) 日米生産システムを比較する時，安保らはデマーケーション（demarcation, 個人の権限と責任の分担範囲）の取り方に大きな相違があることを指摘している。彼らは，アメリカ企業はルール志向の強い統合型管理，日本企業は改善志向をもった現場主義的管理といったキーワードで表現しうると述べている。そして，品質管理の面では，生産工程の後で専門の検査要員が不良品をはねるというアメリカ流の品質管理とは対照的に，作業者自身が品質面で細かい気配りをし，不具合があれば直ちにラインを止めて対処し，次の工程に不良品を流さないという「現場での品質の作り込み」体制および，作業者が設備機械の手入れや調整を行い，品質トラブルの発生を未然に防ぐというオペレーションが不可欠であると説いている（安保編著，1999, p.49, pp.61-67）。
30) 安保他（1991），安保編著（1999），板垣編著（1997），苑（2001），河村編（2005），公文・安保編著（2005）に詳しい。
31) 河村編（2005）は，電機産業における北米日系ハイブリッド工場の調査結果を踏まえ，「日本的生産システムの人的管理のコア部分である職務区分や教育・訓練作業長という項目においては，適用度が大幅に上昇しているものの，賃金体系と昇進については日本方式の適用が困難で，米国型のシステムが優先されている」と指摘し

ている。そして，アメリカ的土壌の中で，むしろアメリカ的方式をベースに日本型要素を組み込む，「修正アメリカ型に近い操業を行い，経営の効率化と競争力を維持するものになっている」と述べ，DelphiやVisteon, GMランシング工場，モトローラなど，日本型システムを積極的に取り入れて工場管理を進めている米国企業における試行錯誤の事例を紹介している。

32) 郝（1999）は，「中国テレビの産業は日本企業からの先進的生産技術と科学的管理方式の導入と技術移転により，1978年からの10年で生産量2500万台を超える規模となり，量的に世界一のテレビ生産国になるに伴って品質も飛躍的に向上した」と述べている。米国の日系企業を対象とした調査結果を反映させた「適用と適応モデル」を踏襲し，政治・経済・社会環境の全く異なった中国への移転について，現地調査による事例研究での実証を試みたものである（pp.37-45）。

第 2 章

グローバル・オペレーションズ・マネジメント

　前章では，グローバリゼーションという潮流の中で，日本企業が自らの市場競争力維持強化のためにグローバル化を図り，海外に生産拠点を築いて異なった経営環境に適応してきた経緯について述べた。本章では，日本の製造企業がビジネス環境の変化に対応し，グローバル市場において競争力を確立するための経営手法であるグローバル・オペレーションズ・マネジメントとクオリティ・マネジメントの概念等について述べる。

第 1 節　オペレーションズ・マネジメント

1．オペレーションズ・マネジメントの概念

　オペレーションズ・マネジメントとは，「製造業における生産現場の操業をいかに効率的に円滑に行うかという管理手法にとどまらず，Going concern である企業の存続のための戦略と連携させ，全社的システムとして体系化し進化させていく管理手法」を意味する[1]。1980 年代初め，深刻な経済の停滞・国際競争力の低下に悩まされていた米国では，米国政府と産業界

が大学関係者の協力を得て，日米欧の競争優位性を持つグローバル企業を徹底的に研究して提言にまとめた。そして，その提案された方策を産業界が実践したことによって，劇的な産業力の再生を果たしたと言われる。こうした世界の優良企業の競争優位性を分析して，グローバル競争戦略を実践するツールとしてまとめられたものが，グローバル・オペレーションズ・マネジメントである[2]（IMD インターナショナル他, 2000）。

近年内向きの保護主義的な政策に傾斜する国が増えているが，そうした国においても自国市場に活気を持たせ，産業の輸出競争力を高く向上させたいとする思いは同じであろう。そのマーケットに既に生産拠点を持つグローバル企業にとっても，その地域性を尊重したマルチ・ナショナル型のオペレーションズ・マネジメントという経営手法が，一層重要になってくると考えられる[3]。

2. グローバル・オペレーションズ・マネジメントの成功事例

（1） トヨタ自動車のグローバル・オペレーションズ・マネジメント

トヨタ自動車は世界一の自動車メーカーであり，日本企業としては初めて 2 兆円を超す営業利益を計上し，経営の軸足を海外の主要拠点に置くグローバル企業である。

```
2016 年 3 月期〈連結ベース※〉
売上高      28 兆 4,031 億円
営業利益    2 兆 8,539 億円
当期純利益  2 兆 3,126 億円
```

30 年前は日本国内だけの生産を行っていたトヨタが，今や世界一の自動車製造会社となって全世界都市 28 拠点で生産を行い，フォーチュングローバル 500 のトップグループに位置する巨大グローバル企業となった。トヨタは，「グローバルトヨタで働く人たちが共有すべき価値観や行動原則である

TOYOTA WAY」を核として，その競争優位性をグローバル拠点に移転して世界の各地域で最適化を図ってきた（ライカー，2006）。

　トヨタは，「グローバルで革新的な経営により，社会との調和ある成長をめざす」「国際社会から信頼される企業市民をめざす」ことなどを明記した基本理念のもと，「モノづくりのグローバル化と現地化グローバルでの品質確保を目指す」というグローバルビジョンを掲げてきた[4]。そして，「真のグローバル＆リーディングカンパニーとしての経営モデルの確立を図り，技術創造立国日本のスーパープレーヤーとして，製造・調達・コストで世界No.1の競争力を獲得し，豊かな社会の実現に貢献するコアビジネスの創生」を目指す経営戦略を明確に示し，グローバル・オペレーションズ・マネジメントを実践している世界的グローバル企業である[5]。

（2）　トヨタの競争優位性の源泉

　トヨタの成功については，これまで多くの要因分析が試みられてきたが，敢えてその要因を絞ると，「創業者の理念（原理原則）を含めた多くの経営資源，およびその経営資源を社会環境に合わせて常に改善してきたこと」を主要因として挙げることができる。経営を取り巻く環境の変化に適切に対応してきたことが，トヨタ自動車の経営戦略の特色であり，時には環境を積極的に変えることにも成功してきた[6]。こうしたトヨタグループの強さの源は，TOYOTA WAY[7]を核としてグループ内で原価改善やクオリティ・マネジメントの連携活動を継続的に実施してきたこと，そしてそれを可能にした従業員のモラールにある，と筆者は考える。経営戦略を立てるのも，経営戦略を実行に移すのもすべて人である。トヨタでは，組織学習を継続的に行うことで自分の仕事とその社会的役割に誇りを持ち，仕事に対する熱意を持つ社員が育ち，そうした人材が企業活動の要となっている。そして，その強みをさらにグローバル拠点に移転して，世界の各地域で最適化を図ってきたことが，トヨタの競争優位性の構築につながっているのではなかろうか[8]。

(3) トヨタにおけるクオリティ・マネジメント

　トヨタの哲学は,「品質の良いものを,より安く造る。必要なものを必要な時に,必要なだけ造る」ということにあり,トヨタは,「質と生産性と競争力」を実践し達成してきたクオリティ・マネジメントの成功事例として挙げることができよう[9]。トヨタのクオリティ・マネジメントは,今や日本の工場のみならず海外事業においてもしっかり根づいている。そして経営トップは,「トヨタが真のグローバルな企業となるためには,それぞれの地域でもっとも競争力の有る最適地調達・最適地生産を通じて,その地域の発展に貢献しながら共に成長する」というグローバル化対応姿勢を表明している[10]。トヨタは,1965年にデミング賞を受賞しており,トヨタグループのアイシン精機(1972年),アイシン・エイダブリュ(1977年),アイシン高丘(1980年)などのグループ会社・協力会社の多くが,クオリティ・マネジメントで優れた成果を挙げた実績を評価されて,デミング賞や日本品質管理賞を受賞してきた。

　トヨタグループが目指すクオリティ・マネジメントの基本思想は,「①お客様重視,②継続的改善,③全員参加,を基本として人と組織の活力を高める」というものである。2001年4月に制定された「The Toyota Way 2001」は,グローバルトヨタで働く人たちが共有すべき価値観や行動原則(改善,現地現物,人間性の尊重,チームワーク等)をまとめたもので,クオリティ・マネジメントの基本思想が共有されている(伊藤,2004, pp.24-25)。

　では,トヨタ・クオリティに対する実際の市場の評価は,どのようになっているのであろうか。市場での品質力を精査して公表している米国の調査会社 J.D.Power の2016年度の報告によると,全米で2016年の最も信頼性の高い車として,トヨタレクサスがランクされ,多くの車種でトヨタ車の質の高さが評価されている[11]。トヨタが,巨人のようなビッグスリーの牙城である米国での生産を開始して30年,そのクオリティ・マネジメントの真価が,米国市場で高く評価されている。これこそが,日本のグローバル企業が,世界のトップクラスの競争優位性を築いてきたことを示す証左である。

このように，「質と生産性と競争力」を高めるクオリティ・マネジメントを経営トップが率先して実践し，その優位性をグローバル拠点に移転し，各地域での最適化を図るトヨタの経営は，グローバル・オペレーションズ・マネジメントの典型的成功事例である。

第2節　クオリティ・マネジメント

1. クオリティ・マネジメントの概念

(1) クオリティとは

クオリティという言葉は，日本では単に「品質」として理解されることが多いが，経営学では，製品・サービスの質にとどまらず，人的資源・組織・経営・環境等を含む管理対象の質という意味で用いられる[12]。例えば，英語でいうクオリティ・ペーパーとは，「論説・ニュースの内容が優れた，知識層向けの高級紙」を意味し[13]，クオリティ・オブ・ライフ（quality of life）であれば，「人間らしい豊かで健康的な生活の質」という解釈が相応しいことから，クオリティには，良質性・上質性というニュアンスも含まれている[14]。

また，クオリティ・マネジメントでいうクオリティは，品質やサービスのみならず，経営組織体の質，従業員の資質や仕事の質，そして生活の質（クオリティ・オブ・ライフ）までを含む。したがって本書では，「組織全体の目的をより効率的に達成する為，人間尊重の概念に基づき，組織内の人々が協調し，仕事の遣り甲斐を呼び起こし，組織の競争力や永続的な生存力を高める経営の考え方である」とする吉田（2000, pp.20-28）の定義を採る[15]。

人々は，人間らしい豊かな生活を望み，その生活を営む中で必要とする品物やサービスについても満足が得られるものを要求していく。そうした消費者を想定して，経営組織体がトップから作業者に至るまで，良質の原材料を仕入れてより優れた技術とよく整備された設備を使い，良質な製品を供給することを志向していく，という考え方が，クオリティ・マネジメントには含まれている[16]（長田，1996）（西他，1993）。

デミング賞や日本経営品質賞の受賞企業をはじめとして，クオリティ・マネジメントの実践によって，生産性の向上・コスト低減・売り上げ拡大・利益向上・社会的貢献等を果たしている多くの企業事例がある。しかしその一方で，クオリティを軽視した結果，社会的信用を失って大きな経営上のダメージを負った企業も多い。

（2） クオリティ軽視の代償

日本の産業は，1980年代以降の円高対応とその高コスト体質改善のために，海外生産への切り替えを進めた企業が多かった。その影響もあって，2000年代にかけて日本は産業の空洞化，企業組織はリストラによる人員削減や非正規雇用への切り替えなどによる技術・人材の空洞化，それに伴う品質経営の空洞化も深刻になっていった。その結果，生産現場での品質力が大幅に低下し，製品事故，表示偽装，クレーム隠し，企業不祥事等のトラブル

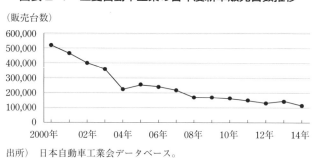

図表2-1　三菱自動車工業の各年度新車販売台数推移

出所）日本自動車工業会データベース。
《http://www.kuruma-sateim.com/markct/mitsubishi-downturn/》

が頻発した。

　製造業の生命線である品質の軽視や倫理観の低下は，即経営の質の低下につながる。長く続いた不況の影響と産業の空洞化による工場規模の縮小，リストラやアウトソーシング等で，現場の品質管理体制にほころびが出，品質や安全性を疎かにして信用を落とす事例が増えた。自動車メーカーのリコール問題や，電気製品の不具合品回収問題，食品メーカーの不正等，経営の質が問われる事件も多発したのがこの時期である。

　2000年と20004年に発覚したリコール隠しで大幅な売り上げの落ち込みによる減産に追い込まれた三菱自動車は，好調が続く自動車業界の中にあって，図表2-1のように右肩下がりの売上推移となっている。ひとたび深刻な品質問題を起こすと，取り返しの付かない結果に陥ることをこのデータが示している[17]。

　ドイツのフォルクスワーゲン（VW）が，不正なソフトウエアを使用して排ガス規制をすり抜ける不正（実際には走行時に規制の40倍ものNOx（ノックス：窒素酸化物）をまき散らしていた）を会社ぐるみで行っていたことが，2015年9月に明らかになった。図表2-2は，同社の自動車販売台数の

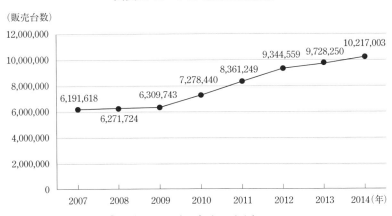

図表2-2　VWの販売台数推移

出所）　2015.09.26付け「しごとニュース」マネジメントより。
　　　《http://shigotonews.com/archives/4943793.html》

推移を示すが，ヴィンターコーン社長が就任した2007年から7年間でおよそ2倍の売り上げ増を達成している。しかし，不正が行われたとされる2008年から全世界で販売された不正対象車が1100万台あり，不正によって政府と消費者を欺いて成し遂げた販売増であったとも言えよう[18]。これは，まさに経営の質を問われる事件であり，同社は2兆円以上の課徴金支払い，リコール関連費用や集団訴訟への賠償金支払いなど大きな経営損失を被ることになる。将来的にも，前述の三菱自動車のケースで見られたような消費者離れによる売り上げの減少が予想され，本書においてクオリティ・マネジメントの重要性を強調する所以である。

2. クオリティ・マネジメントの戦略性

　戦後日本の産業界は，1950年代に日本製品の品質を向上させるために，当時世界最高レベルの品質エキスパートであったデミング博士やジュラン博士を招聘し，経営トップを巻き込んで，品質の高い製品を経済的につくる全社的品質改善に取り組んで成功した。こうした考え方が日本の伝統的労働慣習と適合し，その後のTQC活動の浸透へと発展していった。いわゆるクオリティ・マネジメントの日米方式のハイブリッド型が，日本産業の土台に浸透していった時期と言えよう。

　そして1980年代，アメリカの経済が低迷して産業界が競争力を失い，危機的状況にあった1986年に，デミング博士は「Out of the Crisis（危機脱出）」という書を出版し，今度はアメリカの経営者に対し，質と生産性を高めることで国際競争力をつけるよう強く訴えた経緯がある[19]（Deming, 1986）（吉田，2005, pp.171-179）。景気の危機的状況から抜け出すために，アメリカの産業界・識者が日本や欧州企業をベンチマークして得た結論が，「一国の繁栄は生産力にある」という基本認識と，クオリティを高める経営を目指すTQM（Total Quality Management）の考え方であった。参考までに，以下に図表2-3として，クオリティ・マネジメントの発展過程，および図表2-4とし

図表2-3 クオリティ・マネジメントの発展過程

	狙い	QC（第一世代）	TQC（第二世代）	TQM（第三世代）
目指す組織像	組織像 目指す能力 狙い 評価	成長・拡大 製品適合力 製造品質 職場の管理職	強い存在 製品競争力 製品・サービスの質 経営トップ	尊敬される存在 賞賛される競争力 経営の質 外部第三者評価
品質概念	品質 製品品質 管理対象 品質論	不良 製品 Q 製品 製品品質	適合品質・市場品質 製品 QCD プロセス 仕事の質	経営の総合的質 総合的質 経営システム 経営システムの質
顧客概念	品質志向 QAの考え方 管理目的 活動範囲	適合 プロダクトアウト 製品品質 製造	顧客満足 マーケットイン 製品のQCD 全員参加	株主・社員満足 ソサイアティイン 組織の総合的関係性 社会・関係社との共生
管理概念	管理の考え方 管理システム 管理のスパン 管理の種類 QAの方法論	制御・統制 製造標準化 維持・改善 日常管理 工程管理	管理・経営 経営管理システム 改善重視 方針・日常管理 新製品開発・OJT	戦略 戦略マネジメント 改革重視 戦略的方針管理 戦略的新商品企画
経営科学の体系化	アプローチ 効果の把握	手法の適用 自主的活動	帰納的整理 ボトムアップ 体質改善	戦略的体系化 トップダウン 品質コストマネジメント

出所）TQM委員会編著〔1998, pp.89-95.〕，伊藤〔1999, p.4〕，および西他〔1993, pp.52-53〕の資料を基に筆者作成。

てクオリティ・マネジメント理論対比表を示す[20]。

　このように，1950年代の日本と1980年に米国で起こったクオリティ・マネジメントに関連する二つの事実は，「質と生産性と競争力」を唱えるデミング理論の正当性を裏付けており，企業・産業・国の競争優位を生み出す基礎理論の一つとして，本書の理論的拠り処とする所以である（Yoshida, 1993/1995）。本章では，クオリティ・マネジメント論の理論的枠組みとして，デミング理論[21]および米国マルコム・ボールドリッチ国家品質賞モデル（MB賞モデル）[22]を紹介する。

図表2-4 クオリティ・マネジメント理論対比表

カテゴリー	MB賞モデル	Deming	Juran	Feigenbaum
1. リーダーシップ	経営トップ主導の品質経営。	経営幹部による品質改善コミットメント。	経営トップの品質方針。	経営者としての責任。
2. 品質情報と分析	品質情報の収集と活用，ベンチマーク。	統計的手法による品質改善。	品質情報システム。品質のコスト。	検査とテストによる品質の測定。
3. 戦略計画	運営目標と戦略目標。			顧客ニーズに基づいたゴールの設定。
4. 人的資源の開発	従業員の品質教育と訓練。管理と運営。	従業員を尊重し，教育・訓練を行う。コミュニケーションを図る。	全社的に訓練し，社員間の関係を良好にする。	訓練。QC活動への参画。
5. 品質保証	品質と工程の目標に合致した製品と工程の設計。	問題解決のために統計的手法を駆使し，チームワークであたる。サプライヤーも品質本位で選ぶこと。	使用に適合する設計品質改善に基づく工程設計。統計手法に基づくサプライヤーとの関係。	顧客重視の設計。工程能力の調査。統計的試験。
6. 品質と業績成果	品質と運営の成果検証による傾向把握。ベンチマークの実施。			
7. お客様の満足度	将来的な顧客ニーズの把握。他社と比較し，顧客満足を追求。		顧客情報と顧客満足度を把握する。	顧客情報と顧客満足度を把握する。

出所）Pannirselvam, et al.（1998, pp.536-537）を筆者にて一部加筆修正。

（1）戦略的クオリティ・マネジメント

戦略的クオリティ・マネジメント（SQM=Strategic Quality Management）とは，長期的クオリティ目標を立て，その目標に向けてのアプローチを定める一連のプロセスである（Juran and Gryna, 1993, p.115）。また，ハント（1997）は，グローバル経営とクオリティ・マネジメントの戦略性を重視した経営を

行って成功した事例を挙げて,「クオリティ・ファーストの経営」を推奨している[23]。これは，技術の進歩や市場の変化に対応し，顧客の要求以上の品質を持つ商品やサービスを継続的に供給していく，クオリティ重視の戦略を実践することによって，企業は競争優位性を高めて成長していけるとする考え方である。

アメリカ産業の競争力が低下していた 1986 年に，MIT の教授 30 名からなる産業生産性調査委員会が，2 年かけて米・日・欧の 200 社の企業を訪問調査した結果をまとめ，苦境からの脱出の糸口を見出すための提言を行った。彼らは，「一国の繁栄は，その優れた生産力にかかっている。いかなる市場においても，成功している企業は，主要活動分野すべてにおいて〈クラス最高〉であろうと懸命に努力している。競争力ある価格と品質・サービスを持つために，製品と生産プロセスについて，世界先進企業と比較して競争力を持ちうる水準点の設定を行うことが必要である」と説いた。そして，米国産業の生産性向上の必要条件の提案，産業界・労働界および政府のとるべき戦略などを提言したのである。米国が新しい国際競争力を持つには，「生産効率・品質とコスト競争力・技術革新性・研究開発の独創性・環境変化に対応する適応性・市場導入までのスピードを挙げるべきである」と説いたことは，米国のみならず全世界に大きなインパクトを与えた[24]。

こうした背景の中で米国政府は，国の国際競争力強化のために，政府業務の効率化も含む質の向上の具体的アクションを実施したのである[25]（吉田，2000）。

(2) 質と生産性と競争力

今や「医療の質の向上と効率化」や「行政経営の品質」,「教育の質の見直し」等，質の向上を求める声が次第に大きくなり，質の向上の対象は，非製造業や非営利組織，そして政府機関にまで拡がりつつある[26]。

では，なぜクオリティ・マネジメントが企業や組織体の経営に与える影響が大きいのであろうか。その理由の一つは,「質と生産性と競争力」のつな

がりにある。「望ましい良質な品質とサービス」を得ようとする消費者の基本的な欲求があり、そのニーズを企業経営者側がしっかり捉え、経営の質・人的資源の質を向上することによって生産性が高められ、市場でサポートされる競争力を持つことで経営の安定・存続が図れるからである[27]。

企業は、優れた企業戦略によって質の高い経営資源をフルに活用し、魅力的な市場分野でのポジショニングや効率的な管理組織といった要素を互いに連動させて、競争優位を築いている。その意味で、クオリティ・マネジメントは、質の高い経営資源を最大限に活用し、競争優位を築く手法として注目されているのである[28]。

Krajeniski, et al.（2004）は、21世紀のグローバル市場においては、高品質の商品とサービスを揃えて顧客に提供していくことが至上命令となり、クオリティが重要な競争優位性をもたらすことを強調している[29]。後述するように、我々研究グループが行った「会社の取引関係にTQMが貢献している度合」についての調査結果においても、クオリティが企業に競争優位性をもたらすことが明らかになっている[30]。

（3） 日本企業の競争力の源泉

日本を代表するトヨタ・キャノンなどの優良企業に共通しているのは、人的資源を尊重し、品質や生産性の向上を図る日本的経営を実践し（アベグレン、2004）、世界の有望市場に設立した海外事業会社に対して、日本的経営・生産方式・技術ノウハウの移転を実現してきている点である[31]（加護野、1997）。特にトヨタは、低コストで無駄のない製造と高品質生産、素早い製品開発を実現できる経営資源を持ち、海外展開をすることで競争上の優位性を築いている。生産設備を移設するだけでは、望むレベルの品質をもった製品はできないため、日本の生産システムを現地に根づかせるまで、日本からの派遣員を中心として、地道な努力を積み重ねることが必要とされてきたのである[32]（吉原他、1988, pp.18-22）。

第1章で述べたように、日本型生産システムの特徴は、「多様な需要とそ

の変化に機敏に対応しながら生産現場において高い生産効率と製品品質を両立させることが出来ること，及び工程での品質の造り込み」技術にある（板垣編著，1997）。「生産工程の中で，作業者自身が品質の確保に努力し，後の工程には不良品を極力流さない方式，そして不良が生じた場合には，関係者が協力して原因を分析し，作業方法や生産設備・製品設計まで遡りながら対策を講じる」という，厳しい品質管理の考え方を徹底させたことによって，日本企業の品質と国際競争力は格段に向上してきたと言える。

3．クオリティ・マネジメントの実践と成果検証

　日本企業のグローバル経営と，その競争優位性を支えるクオリティ・マネジメントについて述べてきたが，日本のグローバル経営の最前線である海外事業会社では，実際にどのような品質経営が行われ，どういう成果を上げているのであろうか。我々研究グループは，これまでクオリティ・マネジメントに関する理論と先行研究に沿ったアンケート調査を実施して，その実践と成果の検証を試みてきた。グローバル・スタンダードのスケールを用い，5段階評価による調査票の回収データを分析することによって，対象企業におけるクオリティ・マネジメントの実践と成果の関係を探ってきた調査経緯を以下に示す。

（1）　理論的枠組み
　日・米・欧の優良企業を分析すると，最も効果的な製造戦略を開発し実施した会社は，トップの強いリーダーシップ・製品企画の短縮・在庫の削減・品質の向上・コスト削減・納期短縮・信頼性・継続的改善・ムダの排除・従業員参加，を実現していることがわかってきた。ヒュウ＆アンダーソン（1995）は，「特に品質が，顧客のニーズを充足する事であり，全従業員にとっての最重要事項である」という点を，強調している。

　日本のデミング賞[33]に刺激を受けて，1987年に設けられた米国マルコ

ム・ボールドリッジ（MB）国家品質賞を基準とする MB 賞モデルは，デミング，ジュラン，ファイゲンバウムの理論的枠組みを盛り込んだ形で体系化されており，非製造業や公的機関もその評価対象となっている。米国企業が日本企業をベンチマークし，顧客重視・品質重視を基本とする経営革新を行う運動を展開する中で，中心的役割を担ったのがこの MB 賞であった[34]。

先行研究の MBA モデル分析においては，TQM 実践の成果を評価する項目があり，クオリティ・マネジメントの成果を測るポイントとして，利益の増・コストの削減・マーケットシェア／競争力の増を重視している。また，TQM を実践している企業は，クオリティの向上を達成することで企業価値を高め，株主価値の向上ももたらすという因果関係を株式市場での株価の推移により実証しようとする研究も行われている[35]。

（2） MB 賞モデル

図表 2-5 の①リーダーシップ・②戦略計画・③顧客・市場重視という左側のループ内で企業組織の基本方針が決められ，それが強いベクトルとして，経営者層から図の右側に指示として流れる。その結果，⑤人的資源の活性化が図られ，⑥プロセス・マネジメント（工程品質・設計品質・サプライヤーとの信頼関係・指導）に落とし込まれて，日々のオペレーションで実践される。それらの実践施策によって成果が上がる，というリンケージ（関係）を

図表 2-5　TQM 実践と成果との関係図

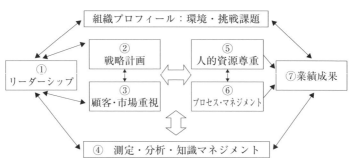

出所）　MB 賞審査基準 2009-2010 年版フレームワークを基に筆者翻訳作成。

示している。

　また，リーダーからは，品質管理と情報分析・知識マネジメントの指示が出され，逆にオペレーションの情報が報告される。組織の連帯感を強めて挑戦するリーダーシップが発揮されることで，全体感を持ったベクトルが形成されて成果に反映され，またその結果がフィードバックされる。こうしたPlan-Do-Study-Actの改善のサイクルが回っていくことで，目的が達成されていくとする考えである。このMB賞モデルは，クオリティ・マネジメント実践と成果との相関関係を検証する際に分析スケールとして用いられ，米国・カナダ・メキシコ・中国・香港でその有意性は実証されている。

（3）先行研究

　先行研究として選定したEvans（1997, pp.13-25）の分析によると，MB賞基準のフレームワークでは，TQMの成果を高めるためには，まずリーダーシップ・戦略性・顧客市場重視の三つの役割・作用が統合されることが重要であるとしている。それが，組織内のマネジメントと人的資源開発のプロセス・マネジメントに指示として流れ，結果につながるというリンケージが報告されている。また，いくつかの段階に分けて説明変数を投入して得られたt値の有意水準によって判定を行う，Douglasの分析手法も参考とした（Douglas, et al., 2001）。この分析手法は，主成分分析で導かれた，企業の成果を構成する二つの要因である社内的成果（V71）・対外的成果（V72）をおのおの従属変数とし，その他のTQM施策を説明変数として回帰分析を行うものである。TQM施策を実践することで，社内的・対外的成果それぞれに影響を与える程度を数値で測り，その中から社内的成果と対外的成果双方に大きな影響を与える説明変数を探る，相関関係の実証を試みた先行研究である。

（4）TQM実践と成果の検証

　我々研究グループは，「経営・生産システムが日本型であれ現地型であれ，

業績成果を上げているのは，どのような事柄を実践している企業か」，という点に絞って調査を行うこととした。期待する成果を上げ得る能力や方法が大切であり，実践と成果の相関関係を実証することが重要であるとする考え方に注目した。つまり，クオリティ・マネジメントに必要とされる七つの項目が適確に実践されていれば，業績成果につながる，とするわかりやすい先行研究に依拠した。「クオリティ・マネジメントの実践と成果を測るグローバルスタンダードのスケール」を用いて，海外でオペレーションを展開している日系製造企業を対象として実態調査を実施してきたのである。

(5) これまでの調査結果

① 中国での調査

▶ 2002 年 7 月に我々研究グループは，在中国日系製造企業における TQM の実践と成果に関する実証研究を実施した。2000 年時点の調査で中国進出日系企業は，18,000 社あり，その中で企業概要の明確な 1,000 社を母集団として抽出した（三菱総合研究所編，2000）。この 1,000 社のユニバースより無作為抽出法にて 200 社を選び，2002 年 6 月に該当企業の代表取締役宛てに上記質問票を送付し，52 社からの回答（回収率 26％）を得た[36]（宮川・吉田，2004）。

▶中国におけるクオリティ・マネジメント：現代的品質管理手法は 1950 年代に始まったが，基本は計画経済下での旧ソ連式大量生産・検品制度が長く続けられ，1970 年代末頃から「改革・開放」をきっかけとして，先進国からの資本進出を誘致することによって，中国は相当成熟し進んだ生産方式を取り込んだとされる（苑，2001）。1978 年には，石川馨率いる日本のクオリティ・マネジメント代表が中国を訪問し，近代的品質管理の手法を中国の人々に教えた経緯があり，品質に関する認識がこの頃から変化していったと見られる。1990 年代に，中国に経営資源を投入して現地生産を開始した日系企業が指摘した最重要課題が，「品質の問題」であった。次第に中国政府

も，国際市場で競争力を持つためには製品とサービスの質を改善する必要があることに気づき，TQMの考え方を拡げていくよう努力し始めたとされる（Yu, et al., 1998）。また，1977年9月トヨタ生産の生みの親とも言われる大野耐一が中国を訪問して品質管理や工程管理上の指導を行い，日本的管理技術の一つであるTQCやQCサークル活動と共に中国全土に広められたとされる。日本的品質管理技術や生産システムの中国への導入が図られたことで，日本的経営が中国社会に与えたインパクトは大きかったと評価されている。

　Sunらによると，1979年に中国が開放されて後，中国政府はクオリティ・マネジメントの考え方を全国に浸透させる努力をしてはいたが，それでも国際レベルからいえばまだ認識は低かったという。その後，中国企業の品質問題に頭を抱えた外資企業のクレームもあって，政府主導のTQM普及運動が展開され，次第に浸透していったとされる（Sun, 2000）。2002年の我々研究グループの現地調査時にも，中国政府から，「まず外資企業である日系企業においてTQM活動の徹底を行う」よう協力要請があったとする声が目立った。

　▶回帰分析結果：重回帰分析による仮説検証の結果，リーダーシップ／社会性の度合い，品質データの活用度，戦略性，人的資源の活性化（従業員参画・教育訓練），品質保証体制（工程品質・設計品質），サプライヤーとの関係（信頼関係・指導），顧客満足度それぞれの度合いが高いほど，企業成果（原価低減・利益の増加・従業員満足等の「社内的成果」かつ市場シェアの増加，取引維持貢献，競争力，品証コストの減少といった，「対外的成果」）に与える影響が大きいことが，発見事実として挙げられた。

② 米国での調査

　▶2007年海外進出企業総覧（東洋経済新報社編，2007）に収録されていた，日本企業の直接投資によって設立された在北米現地法人の内，会社概要の明確な製造企業519社を母集団として，無作為抽出法にて200社を選び，調査の対象企業とした。2007年7-8月に，該当企業の代表取締役宛てに調査依

頼書を送付し，調査協力の確認を戴いた海外事業会社に質問票を送付した結果，最終的に32社から回答（回収率16％）を得た。

▶米国における日系製造企業の経営環境：1970年代初頭，日本の製造企業は反ダンピング提訴，反独占訴訟等の米国保護主義化の脅威にさらされ，アメリカ国内生産の優位性に着目して，製造拠点をアメリカに移転する動きが本格化した。1972年〜1979年の間に，ソニー・松下電器・サンヨー電機・東芝・シャープ・日立の進出が続いた。輸送機器メーカーは，1970年代半ばにオートバイの川崎重工やホンダが進出し，1980年代にホンダ・日産・マツダ・三菱・いすゞ・富士そしてトヨタが本格的に現地生産を開始，その動きに合わせて多くのサポーティング・インダストリーが，対米進出を果たした（河村編，2005, pp.121-124）。

その後，米国経済は，1980年代の落ち込みから再生して景気拡大傾向に向かい，対米直接投資によって設立された自動車産業を中心とする日本の製造企業の現地法人も，生産が拡大していった。こうした経済環境の変遷の中で，日本の有力企業は，経営の軸足を日本以外にも構築する必要性を認識し，最適地生産・最適調達を志向して，グローバルな視野での経営資源配分を課題としてきたのである。1980年代になって，米国の企業や研究者は，日本の有力企業をベンチマークして，品質というものが競争上の武器になり，グローバル競争においてクオリティの高い製品やサービスが，将来の成功への鍵になるということを再認識したのである。そして，生産性とクオリティを向上させるための行動を起こすべきである，という研究者の諸提言に米国産業が動き出したことが，同国の国際競争力再生の糸口になったと言わる[37]。

③ これまでの調査比較による発見事実

▶クオリティ・マネジメント（TQM）が経営に与える貢献と成果について，2002年の在中国日系製造企業52社から得られた回答と，2007年の在米国日系製造企業32社からの回答を比較したものが，図表2-6である。TQM

の実践を3年以上行っている企業は,いずれの場合も9割に達しており,戦略計画にTQMを積極的に反映させているとする企業は,同じく81％,TQMが業績に貢献しているとの回答も,いずれも同じ62％程度であった。ただし,会社の取引関係維持にTQMが貢献しているとの回答は,2002年の在中国日系製造企業の方が75％であったのに対して,北米調査では66％という評価にとどまっていたことが,大きな相違点として挙げられる。これは,「貢献度が低い」とするポイント2を選んだ企業が2社あったため,全体平均が下がったことが影響している。

図表2-6　TQMの貢献・成果比較

アンケート内容	2002年 在中国日系企業	2007年 在北米日系企業
TQMの実践を3年以上行っている	90％	91％
戦略計画にTQMを積極的に反映させている	81％	81％
会社の取引関係維持にTQMが貢献している	75％	66％
TQMが業績成果に貢献する度合いが高い	62％	63％

▶分析結果：中国で事業活動を行ってきた日系製造企業では,特に人的資源の活用と品質保証体制の実践度が,高い業績成果につながるという傾向が見られた[38]。一方米国調査結果では,「強いリーダーシップと,従業員の参画度」という傾向が見られ,進出先の経営環境によって,クオリティ・マネジメントの実践と成果の関係に若干の差があることがわかった。

また,調査対象となった在米国日系製造企業の約9割が,3年以上クオリティ・マネジメントを継続的に実践し,品質マネジメントのグローバルスタンダードの認証取得に積極的であること,クオリティ・マネジメントの実施年数が長い企業ほど,高い企業成果を上げている傾向が認められた。

▶企業アンケート回答者コメント：在中国製造企業および在米国製造企業の社長または工場責任者から寄せられた,クオリティ・マネジメント（品質経営）についての各社の取り組み姿勢に関するコメント（抜粋）を紹介したい。

グローバル経営の最前線で，日々クオリティ・マネジメントを含むオペレーションに全力を挙げている，経営幹部の思いが伝わってくる。

〈2002年中国〉

＊中国においては品質が決して優先されないことが多い。しかし社員の意識改革には必要。品質の維持は将来の企業存続・コストダウンにつなげなければいけない。

＊経営方針第一項に，「安全・品質・モラールを経営の基本とします」と謳っている。

品質なくして国境は越えられない。品質は現行犯逮捕で改善せよ。

〈2007年米国〉

＊品質は会社の最も優先されるべき課題であり，お客様の満足を得るための最大の要素。そのためにはトップが強いリーダーシップを持って取り組むことが課題。

＊品質は顧客ニーズの必須条件であり，会社の発展・存続を保ち続けるには第一の要件と考える。品質を方針・施策の中核に位置付け，品質経営を推進し活動を展開した結果，人的ミスや不良廃棄によるロス・ムダの削減，活動段階での人材教育におけるスキル向上にも効果が表れてきている。

▶米国調査による発見事実：2007年の米国での調査を通じて得られた知見は，次のようなものである。まず，日本の親工場との品質生産性の比較では，日本を100とした場合90位とする企業が大半で，日本と同等レベル，部門によっては日本以上に高いレベルであるとする企業もあった。従業員の定着率は，一部を除いてあまりよくなく（正社員の内，年間に15％が辞め，特に3直体制の夕方と夜中のシフトにおける離職者が多い），育成指導を心がけても辞められてしまうケースが多いことが，日系企業の大きな課題として挙げられた。グローバル経営については，日本の出資会社を中心とする親会社主導で展開されているとする企業が多かった。現地化を推進するために，米人の現地トップ・米人の工場責任者によるオペレーションを行った

が，米国市場のかげりもあって経営効率化を進める必要に迫られ，2005年頃から現地経営トップ・工場責任者に本社人材を充てて，建て直しを図っているとする企業が複数あった。また，同州に所在する日系製造企業の中には，現地社長を米国人から現地採用の日本人またはヨーロッパ人（ドイツ人・フランス人）に換えているケースも散見された。ヨーロッパ人の経営手腕が評価される事例も多いとのことで，新たな発見であった。グローバル展開については，親会社が本社主導でグローバル経営を統括している実態が浮かび上がってきたことから，中国，米国に次いで，欧州での調査の必要性を強く感じた次第である。

（注）
1) Krajewski, et al.（2004）によると，オペレーションズ・マネジメントは，経営管理・グローバル事業展開・組織行動論・統計的管理手法等をも含むもので，構成するカテゴリーは，企画・クオリティ・マネジメント，プロジェクトマネジメント・プロセスデザイン・技術管理・生産管理・グローバル事業運営・売上／生産計画・物流管理・在庫管理・調達等多岐にわたっている。
2) 当初オペレーションズ・マネジメントは，製造業の操業管理手法として限定的に使われていたが，すべての組織は運営・経営というオペレーションの役割を持っており，経営資源を活用して組織全体の運営指導を行うプロセスまでを包含する学問的・実践的体系となった。また，オペレーション戦略とは，企業が市場において成功するための競争力を向上させる手段であり，ビジネス環境の変化に対応し，新たな競争力を確立するための設計図ともいうべき意味合いを持つ。
3) Meredith, et al.（2002）は，「オペレーションズ・マネジメントは，長期的経営に必要な国際競争力をつけるために重要な役割を果たしている」と述べている。
4) トヨタは，「需要のある場所で生産する」という方針のもと，生産拠点も現地化を進めて世界の拠点で生産を行っている。また，デザイン拠点，R&D（研究開発）拠点も海外に展開しており，現在では「開発・設計から生産，販売・サービスまで，一貫したグローバル化・現地化を実現」している。特に品質の確保は最も重要であり，「どこで作っても同じ品質」であることが求められ，各海外拠点にトヨタのモノづくりの考え方である「トヨタウェイ」を浸透させなければならないとしている。品質の確保とトヨタウェイの浸透を実現するために，トヨタは「モノづくりは人づくり」という考えのもと，人材育成に取り組んでいるということである。トヨタ自動車のホームページ参照《http://www.toyota.co.jp/jp/vision/globalization/index.html》。
5) タイで開発から最終生産までを行ったピックアップ・トラック型IMVを，インドネシア・フィリピン・インド・アルゼンチン等で横展開し，世界10カ国で生産体制を整えて販売していった戦略や，アメリカ市場で高級車ブランドとして投入したレクサスをグローバル戦略の一環として日本に逆導入し，シナジー効果を狙うといっ

6) 影山（2005, p.46）は，トヨタは，環境の変化に対応する組織の改革，製造施設の地理的集積，賦存資源の最適活用，国際協調という形態で，多くの資源を有効に活用してきたことを挙げている。そしてそれは，「20世紀に人類が開発してきた優れた経営戦略の粋を集めた優れた経営戦略の集大成」であると評価している。

冒頭の「たトヨタの戦略は，グローバル経営の成功例として挙げることができる（安室編著，2007, pp.121-123）。

7) トヨタの基本理念を企業活動の中でどう実現していくべきか，ということを示したのが，「知専と改善」と「人間尊重」を基本とする「トヨタウェイ2001」である（日野，2002, pp.112-125）。

8) 影山（2005, p.26-30）は，企業に対する忠誠心（ロイヤリティ）は，企業経営を成功させる大きな要因であり，従業員に対する情報公開とステークホルダーの組織化によってトヨタの成功がもたらされた，とみている。

9) トヨタ本社のサプライヤーセンターに掲げられた「トヨタの品質についての経営トップの考え」と題された掲示物（2004年当時）によると，歴代の社長が率先してクオリティ・マネジメントと取り組んできたことがわかる。奥田元会長は「トヨタの個性は品質。トヨタは品質でやっていく会社」，「品質で先行していることが一番大切」，「品質を除いてはトヨタ車は考えられない」と断言しており，張元会長も「メーカーにとって品質は原点。日本の製造業の今後を心配する声もあるが，トヨタはモノづくりに強いこだわりを持って逆風に立ち向かいこれからも前進していく」と述べている。

10) 張元会長の言葉。

11) 米国市場において，いかにトヨタ車の品質評価が突出していかがわかる。2016 Initial Quality Rating & Award（新車を購入して最初の90日以内に機械やエンジン，車体，インテリア等の設計に品質上の問題がどれくらいあったかを調べ，ランク付けしたもの）を受賞しているトヨタ車は，以下の通りである（《http://www.jdpower.com/cars/awards》）。

　中型車　SUV　2016　トヨタ・ハイランダー
　中型車　乗用車　2016　トヨタ・カムリ
　小型　プレミアムカー　2016　トヨタレクサスCT
　中型　プレミアム　2016　トヨタレクサス
　コンパクトカー　2016　トヨタカローラ

さらに，3年以上のオーナーの評価，過去12カ月の故障をベースに信頼性をランク付けした「2016 Dependability Rating & Award」でも，トヨタ車が高い評価を得ている。

　コンパクト多目的車　2013　トヨタ　プリウス
　中型SUV　2013　トヨタ　レクサスGX
　コンパクト・プレミアムカー　2013　レクサス
　ミニバン　2013　シェンナ
　ピックアップ（Light Duty）2013　タンドラ

12) 品質について，持本（1998）は「モノの性質やモノ基本機能とその性能，付加機能の優劣・有無・デザイン・色彩・ブランドなど広義のモノの有用性の全体に対して顧客が抱く効用であり，使用者から観た製品の非価格的な属性の全体」と定義している（pp.86-88）。また，藤本（2000）は，品質について，「総合品質には，製品に

体化された情報であって潜在的に顧客満足を生み出すもの（性能・機能・デザインなど）がすべて含まれる」と定義している（p.332）。
13) クォリティ・プレスとも言われ，大衆紙の対極にある新聞として，イギリス社会の指導者層に大きな影響力を持った（相賀編，1990，7巻 p.377）。
14) 金子・松本編著（1986）は，クオリティとは，「量の充足・達成によって顕在化した価値であり，産業化に伴う生活水準の向上を所与とする」と定義し，クオリティ・オブ・ライフの概念を「生活者の満足感・安定感・幸福感を規定している諸要因の質的内容」と述べている（pp.29-38）。
15) 久米（2005）は，品質経営の英訳を Management by Quality と表記し，「品質によって利益を生み出す事業基盤を確立し，企業の継続的発展を行なっていこうとする経営」という定義を示している。また，日本の TQM 委員会編著（1998）では，「戦略や開発・生産など経営の質とそのプロセスへのインプットとなる広義の経営資源（人・技術・設備等）の良質性や，組織の競争力・永続的な生存力を高める経営科学・管理技術の方法論である」と定義している（p.34）。
16) ドラッカー（2001）は，マネジメントの役割として，「組織本来の使命を果たすこと，生産的な仕事を通じて人に成果を上げさせること，社会と個人に生活の質を提供すること」を挙げているが，この考えは，人的資源を尊重し，個人の強みは社会のためになるという思想にもつながり，マネジメントの理念的原理（principle）にかなっている（p.276）。
17) 三菱自動車，三菱ふそうトラック・バスのクレーム隠し，総会屋への利益供与事件は，安全と品質，経営の質を軽視した結果，市場の信用を失い，経営に大きな打撃を受けた事例として挙げられる。2004 年に三菱ふそうが，ハブ欠陥によるタイヤ脱落死傷事件の責任を問われた事件以降，三菱自動車の売上台数が漸減している。数回にわたるクレーム隠し，総会屋への利益供与や米国生産子会社でのセクハラ訴訟で社長が辞任しており，2004 年のハブの欠陥によるタイヤ脱落死傷事件の責任を問われて，当時の三菱ふそう堀会長は，「安全・品質にかかわる問題への感度が鈍く，原因追求も不十分だった」ことを認めた（『日本経済新聞』2004 年 5 月 7 日）。
18) 《http://shigotonews.com/archives/4943793.html》より。
19) Deming（1986）と Yoshida（1995）は，まず経営陣が変り品質と生産性を改善して，会社の競争力を上げるよう行動しなければならないと訴え，「マネジメントの 14 のポイント」をベースとした経営論を提唱した。アメリカ産業の中でも代表的なフォードと GM，IBM，ボーイング等の大企業や国防総省，州政府等の公的機関からもデミング博士の指導を受ける人が集まり，デミングセミナーは 20 万人を越える人が参加したと伝えられる（吉田，2000）。デミング理論の中心となるのが，デミング連鎖反応論である。「生産機械の故障を出来る限り少なくし，絶えず誤りを少なくして，品質を向上させる。⇒手直し・誤り・遅れ・故障の減少と，機械運転時間及び材料の効率的利用によるコスト低減⇒生産性向上⇒高品質・低価格で市場確保⇒市場での競争力確立⇒　雇用の増大につながる」とするもので，性善説と人間尊重の立場をとり，教育訓練を行い，全員参加での品質重視の経営を提唱した（ウォルトン，1987）。
20) 詳細については，宮川（2008, pp.106-108）を参照願いたい。
21) デミング理論は，TQC や TQM につながる人間尊重の精神に基づいて，経営の質や生産性とコスト・品質，従業員の仕事の質とやりがい等について論じた経営哲学

である（吉田，2000）。この経営哲学は，アメリカにおける人間関係論を源流としており，1930年代に，それまでの合理性・経済性の追求を主とした経営管理に代わって実践面で浸透し始め，1950年代にはかなりの浸透度レベルに達したと言われる。1951年頃から日本経済の高度成長期にかけて日本にも普及し，人間関係論による新しい経営理念として，組織における人間性の尊重や人間関係の改善が経営管理に及ぼす影響の大きさについて研究されるようになった（西他，1993, pp.20-27）。デミング博士は，自らの考えをメキシコ，ギリシャ，インド等で講演したが，「品質革命を起こしたのは日本だけであり，日本の成功体験の背景には，日本の伝統的な企業文化があった」という点は，本書のテーマであるジャパンクオリティとインテグリティにかかわる指摘であり興味深い（吉田，2005）。

22) 日本のデミング賞に学び，米国連邦政府が国際競争力を高めるために，質経営において優れた成果を上げた会社に与えるために制定した賞である（吉田，2000, pp.143-145）。1987年8月に，レーガン大統領が署名したマルコム・ボールドリッジ全米クオリティ法によって制定され，全米の貿易収支や競争力の向上や生活水準の中核をなすものと位置づけられた。

23) ハント（1997）は，「アメリカでは，生産コストの20～25％が，ミスの発見と修正に費やされており，劣悪商品の修理や回収のためのコストを含めると，品質が劣悪なためにかかるトータルコストは30％も高くつくが，日本ではそれがわずか3％である」とする事実を挙げている。そして，継続的改善による品質向上によって，造り直し，ミスや遅延も少なくなり，時間と資源の活用度が向上することにつながるという，デミング理論に基づくTQMの実践と成果の相関関係を示している。また，「顧客満足のためのクオリティ改善計画を実践したことによって市場占拠率も高まり，売上や利益率も上がった」とするモトローラや，「グローバル市場で事業を継続させるために最優先させるべきは，クオリティである」と説くウェスチングハウス社のケースを紹介している。これらは，グローバル経営とクオリティ・マネジメントの戦略性を評価する証左と言えよう（pp.18-21, pp.36-37）。

24) 品質に対する当時の日米企業の取り組みの違いを明確に示す例を，以下に示す。
　①ゼロックスは，1979年に日本メーカーの競合機種と詳細な比較テストを行なった結果，日本メーカーは半分の製造コストで複写機を生産でき，開発に要する期間も半分であり，開発チームの人員も半分，かつ日本製品の品質は，アメリカゼロックス社の実績より10～30倍も良い（組立ライン上の欠陥パーツ数）ということがわかった。
　②日本の自動車産業は，デトロイトの大量生産システムとは全く異なる生産システムに基づき，区分された市場にそれぞれ異なる製品を提供し，コストと同様，品質とサービスを重視し，サポーティング・インダストリーとの協調関係を構築した。日本のカーメーカーが設計した自動車は，米国のそれより高品質であるだけでなく，品質の優位性は，日本で設計された自動車がアメリカの工場で組み立てられた場合にも残っており，設計段階で品質を向上させる要素が組み込まれているのが分かる。同じ米国の土壌で，日本式手法で人的資源を活性化させて，高い生産性・質・量とも達成したNUMMIのような工場もあり，人的資源の重要性を再認識すべきである（ダートウゾス他，1990, pp.112-113）。

25) 1988年に，政府職員に「質」経営の訓練をする目的として，連邦質向上機関（Federal Quality Institute :FQI）が設立され，1987年には米国連邦政府によって

Malcolm Barldrige National Quality Award（MB 賞）が制定された。そして 1987 年に，SEMATEC 産官学の国家的プロジェクトで米国半導体の国際競争力を強化するため，産官学のコンソーシアムが組まれ，強い国防総省の指導と業界の協調によって本格的な取り組みがなされたのである。

26) 経営革新プログラムで有名な米国の「マルコム・ボールドリッジ国家品質賞」の評価手法を参考に，日本では，社会経済生産性本部が「日本経営品質賞」を創設し，行政運営にも応用したのが，行政経営品質向上活動である。岩手県滝沢村では，行政サービスや公共施設の質にとどまらず，住民の行政へのイメージなども品質と捉え，それを引き上げていく改革に取り組み，2006 年に「日本経営品質賞」を受賞した（滝沢村役場，2007）。

27) 産業の競争優位性について，ポーター（1992, pp.10-32）は，「他国のライバルより品質の高い製品を提供するか，生産効率を高める事により，高度な競争優位を保持でき，それがそのまま生産性上昇に転化する」と論じて，品質を重要なポイントとして挙げている。

28) ハーバード・ビジネス・レビュー（Harvard Business Review）編（2001, pp.58-74）

29) 「高い品質の製品は，低品質のものよりも高い市場シェアを持つ」という，2,000 社を対象としたケンブリッジ戦略企画研究所のリサーチ結果を紹介している（Krajenski, et al., 2004, pp.242-246）。

30) 2002 年の在中国日系製造企業 52 社からの回答結果では，「75％が TQM が会社の取引関係に貢献している度合が高い」と答え，2007 年 8 月の在米国日系製造企業 32 社から得た調査結果では，「66％が取引関係への貢献度が高い」と回答している。

31) 加護野（1997）は，日系企業の海外生産工場は「品質に愚直なまでにこだわり，品質を向上させることを何よりも重要な事として，現地企業の品質水準を日本と同等以上に設定した」と解説している（p.43）。

32) その日本製造企業の競争優位は，具体的には①生産性―コスト，②品質，③製品の多様性であり，それを支える「日本的生産システム」が，日本本社・工場から派遣された出向者・顧問を通して，海外工場への移転がすすめられてきた点に特徴がある（苑，2001）（山崎・竹田編，1993, pp.88-89）。

33) デミング賞とは，「戦後の日本に統計的品質管理を普及させ，日本製品の品質を世界最高水準に押し上げた，故 William Edwards Deming 博士の業績を記念して 1951 年に創設された総合的品質管理（TQM）に関する世界最高ランクの賞」である。個人を対象とする「本賞」と，企業を対象とする「実施賞」「事業所表彰」がある。これまでの受賞者には，日本電気・東芝・日立・松下・トヨタ自動車・アイシングループ等，クオリティ・マネジメントを経営の柱とし，グローバル展開も行っている製造企業が多数含まれている。
　財団法人日本科学技術連盟ホームページ《http://www.juse.or.jp/deming/》参照。

34) ボールドリッジ賞の受賞者には，GM，FEDEX，モトローラ，ウェスチングハウス，ゼロックス，リッツカールトン等米国のグローバル企業が挙げられる。製品とサービスの品質をどのように改善し，どのような成果を挙げたのか，その方法・実施・結果について，七つのカテゴリーに配分された評価点によって採点審査される。米国においては，この評価モデルが，企業成果の改善・競争力の保持のための指針として，多くの企業に活用されている。

35) Stephen（2002）は,「クオリティ・マネジメントを実践することによって従業員を活性化させ,生産性を向上することによってコスト低減を図り利益率を改善し,顧客満足の追求によって市場シェアを増やす。その結果,売上・利益が増え,株主にも還元される」という持論を展開している。上場企業の中からクオリティ・マネジメントを実践して業績も良いとみられる企業100社（Q-100）を選び出し,投資家グループがベンチマークに使うS＆P500という銘柄企業の株価との比較を3年に亘って行った結果,Q-100グループが平均で3～13％常に高い株式市場評価を得たというものである。

36) 宮川・吉田（2004, pp.61-79）に詳しい。

37) デミング博士は,「品質向上への使命を遂行するために,トップ・マネジメントが主体となって行動を起こすべき」ことを訴え（Deming, 1986）),MITの研究者30人は,「一国の繁栄は,その優れたクオリティの優れた生産力にかかっている」という重要なメッセージを全米に向けて発信している（ハント,1997）。また,ヒュウ＆アンダーソン（1995）の『かくして日米製造業は再逆転した』では,米国ビジネスの起死回生の悲願を達成するための条件の第一が,「クオリティが顧客のニーズ充足の最大の決め手であり,全従業員の最重要事項である」として,クオリティ・マネジメントの重要性を強調している。

38) 52の在中国日系製造企業から得られたデータをもとに,回帰分析による仮説検証を行い,相関関係を確認した。

第3章

英国産業の盛衰とジャパナイゼーション

　英国は，産業革命発祥の地であり，七つの海を制覇して大英帝国を築いた国である。繊維・機械産業から鉄鋼や造船，鉄道などの重工業に至るまで，ほとんどの産業分野で強みを発揮して，文字通り「世界の工場」と呼ばれていた。その英国から，明治維新後の日本は多くを学んで殖産興業に励み，富国強兵政策の末に第二次世界大戦でその多くを失った。戦争で焦土と化した日本は，戦後は米国に学んで産業の復興を図り，やがて1970年代には，日本が「世界の工場」と呼ばれるまでになった。この時期に，米国で日本的経営・生産システムの研究が進み，その優位性が認識されるようになると，欧米企業の中で「日本に学べ」というジャパナイゼーションの動きが広がった。本章では，我々研究グループの中国市場，米国市場での調査に続き，欧州特に英国市場での調査に関連して，英国産業の盛衰や欧米でのジャパナイゼーションの動きについて振り返り，日本的経営・生産システムの競争優位性について述べる。

第1節　英国産業の盛衰

1. 第二次世界大戦後の英国の自動車産業

　第二次大戦後の英国産業の建て直し政策の中で，自動車産業は中心的存在であり，外貨獲得策—『Export or Die』（輸出せよ，さもなくば死を）の掛け声のもとで，自動車産業は重要な役割を担った。大戦後西欧州は，米国の資金援助を得て再建が図られ，米国的経営手法もまた支援先に浸透していった[1]。こうした背景もあって，英国は世界第二の自動車生産国，そして最大の自動車輸出国となった。1950年当時英国では，フォードとGM関連のボクソールの外資メーカー2社と国産4メーカーからなるBig Sixが，自動車生産高とその輸出の90％のシェアを占めていた[2]。

　それが現在では，英国資本の自動車メーカーとしては，モーガンが家族経営で少量生産しているのみで，他は外資系およびその傘下企業となっている。1885年創業の伝統あるトライアンフ，1904年設立のロールスロイスおよびクラシックミニは，ドイツBMW資本，1919年設立のベントレーも，ドイツVW資本となっている。また，1922年設立のジャガーは，経営不振に陥り国営化された後フォードに売却されて，2008年にランドローバーとともにインドのタタグループに売却された。他に，ロータスはマレーシア・プロトン資本，MGモーリス・ガレージは中国南京汽車資本，ボクソールは米国GM資本となっている。

　1952年に，オースチンとナッツフィールド・オーガナイゼーションが合併してブリティッシュ・モーター・カンパニー（BMC）が誕生するが，イギリスの景気悪化の影響もあり，1966年にはジャガーを吸収して持株会社

「ブリティッシュ・モーター・ホールディングス（BMH）」となった。しかし2年後の1968年に，ブリティッシュ・レイランド（BL）と合併して再起を図ったものの，1975年には財政難に陥り，結局国営化されてしまった[3]。1980年代になると，米国の自動車産業本体も勢いを失い，代わりに日本企業が現地生産に乗り出してきた。当時のサッチャー政権の積極的誘致政策の動きもあり，1984年に日産が現地法人を設立し，ホンダも1985年に，トヨタも1989年に英国に進出した。こうした英国自動車産業の変遷をみる中で浮かんでくる疑問は，「英国のローカル自動車会社が凋落していった原因は何か」ということである。その原因として挙げられるのが，1960年代後半に主要輸出先である米国の排ガス対策等の遅れ，常態化したストライキ，低い品質管理水準，投資不足，マネジメントの失敗，政府の過剰介入，そして，その結果としての国内外における市場シェアの低下，等々の要因である[4]。こうした英国産業の競争力の衰退を招いたいくつかの要因の中でも，最大の原因と言われる「英国病の蔓延」について，以下に詳しく述べる。

2．英国病とその後

（1） 英国病（British disease）

1970年代の後半，研究者達は20世紀の英国産業の競争力の衰退をさして，いわゆる「英国病（British disease）」と言い始めた[5]。英国における伝統的主要産業である石炭，綿，鉄鋼，造船等における低い生産性や利益率は，競争力の低下そして自国での市場シェアの低下を招き，競争力を取り戻せない元気のない状況が，この英国病の初期的な症状であった。1960年代から1970年代の間，英国政府は病弱な企業を支援し手当をしたが，表面的な処置にとどまり，英国病患者が国際市場で競争力を取り戻すまでには至らなかった。

第二次世界大戦後の英国の自動車産業，とりわけ国産メーカーは，この英

国病の特徴的な患者となったと言われ，「英国資本企業は，変化する市場に対して戦略や対応を適応させていく能力を欠いていた」と指摘されている[6]。国産会社は，社内の戦略と外部環境の変化のミスマッチにより，市場シェアを落とし，グローバルレベルでの大きな戦略や，組織的な柔軟性を持つフォードのような多国籍企業に負けてしまったのである。

このように，英国産業が競争力をなくしていった原因について，Whisler (1998) は，「国産メーカーは多くの車種を抱え，労働集約的でマネジメントの求心力がなく，低い採算性が競争に負けた原因」と分析している。彼らは，その失敗の責任は経営者にあるとし，「市場のシグナルを読み違え，不備なビジネス戦略に終始した点で責めを負うべき」と指摘している。また，従業員についても，その適応性，開発意欲，期待される存在という点で充分とは言えず，「我々はずっとこうしてやってきたんだ」という決まり文句が，その辺の事情を語っていると分析している。こうした企業組織におけるオペレーションズ・マネジメントの失敗こそが，英国病を深刻化させた真因であると考える。

(2) 英国のユニオン

第二次世界大戦後から1970年半ばまでは，歴史的にも高い率の経済成長を謳歌していた西欧工業国では，トレードユニオンの組合員も増え，中小企業や伝統的に組合がなかった企業グループにも，組合の影響力が浸透した時期である。1970年代半ばから景気の停滞が続いた英国では，企業経営者と労働者との間の労働争議件数が増加した[7]。

1980年代初めの英国における経済危機は深刻であり，1983～1986年には年平均300万人以上の失業者を抱えていたということである。こうした状況から抜け出すために英国政府は，労働市場の規制緩和を進めてユニオンの力を弱める方策を示した。企業経営者のマネジメント権限が強化され，それまでの労働慣行の見直し，ユニオン活動の弱体化が図られたのである。こうした1980年代における英国経済の中の政府と産業，経営者とユニオン間の労

務関係の環境変化が，サッチャー政権下での日本企業誘致やジャパナイゼーションの動きにつながって行った。

Charron（2004）は，英国，日本，カナダでの調査結果を踏まえて，カナダや英国では歴史的にユニオンが強く，企業経営者と労働者という運命的な対立が避けられない状況が，依然として残っている点を指摘している。それとは対照的に，日本ではトヨタのように会社のリズムやテンポにしっかりリンクされた企業組合があり，職場と従業員の作業はより広範囲につながっている事例を示している。また，リーン生産の工場管理では，組織全体的な参画が必要と言われているが，組み立てラインを継続的に流すために，かなり作業者に無理な作業環境をしいている点にも目を向けるべきだ，と述べている[8]。

(3) 英国自動車産業の変革

職能別組合と職能規制に代表される，英国の伝統的な労使関係とその労働慣行は，その産業システムの長期的な特徴をなしていたが，70年代末以降サッチャー政権の労働政策の下で伝統的な労使関係は変化し，英国産業も大きく変わった。1980年代前半に11％台となった失業率と，硬直的な労使関係に直面していた英国では，サッチャー政権（1979~90年）とそれを引き継いだ保守党政権によって，市場原理を志向する労働市場の構造改革が進められてきた[9]。具体的には，サッチャー政権の経済活性化政策の一環として，日系企業の積極的誘致政策が示され，自動車・電機関連の日系企業が，英国進出を決断する大きな要因となったことが挙げられる。

3. 英国自動車産業の現状と今後

(1) 英国自動車産業の現況

急速なグローバル化が進展する世界情勢の中で，英国は，その労働費用の

低さ（英国の産業部門の時間当たり労働費用は，ドイツ・フランス・イタリアよりも低い水準[10]），G20 の中で最も低い法人税率（2015 年に 20％），イノベーションに必要な優遇税制や政府助成などの条件を備えている市場として，注目されてきた[11]。

こうした英国で，現在，日本企業 3 社を含む世界の主要自動車メーカー 11 社（ジャガー・ランドローバー，フォード，ベントレー，ゼネラルモーターズ，ロータス，日産，トヨタ，ホンダ，アストンマーチン，上海汽車，BMW）が操業している。英国には，組立メーカー以外にも，グローバル競争力をもつ自動車関連製造業が集積していることが，この国の一つの強みとして挙げられる。SMMT（英国自動車工業会）の発表によると，2015 年の英国の自動車生産は，前年比 3.9％増の 1,587,677 万台となり，UK で生産された自動車は，EU を含む海外市場での人気が高いため，過去最高レベルの 1,227,881 台が輸出された。

(2) 英国自動車産業の今後

SMMT 会長は，「欧州は英国にとって最大の市場であり，英国が EU の一員であり続けることが，自動車産業の将来の成長と雇用の確保のために必要不可欠のこと」と述べている。「2020 年までには 200 万台レベルを見込む」，との強気の予測もあった[12] が，2016 年 6 月の EU 離脱の国民投票結果が，英国経済の先行きに影を落としている。国民投票によって EU からの離脱を決めたことが，キャメロン首相の退陣，為替や株価の変動につながり，英国の先行きを懸念する声もある。離脱の正式通告から 2 年間の移行期間の間に，EU 諸国とどのように交渉を展開させていくかが注目される[13]。

(3) 英国の EU 離脱決定

本書のテーマから少しそれるが，英国の市場を理解する上で，その政治経済文化の背景を知ることは重要なことなので，筆者が英国滞在中に見聞した EU 離脱の是非を問う国民投票をめぐる動きについて報告する。

① 英国とEU

　欧州域内の市場統合を図るEU構想は，1985年に発表されて1993年に発足した。EUの共通通貨ユーロは，1999年1月から導入され，域内の政策統合も進められてきた。2016年4月現在加盟国は，28カ国になっている。英国は，1946年当時チャーチル首相が欧州合衆国構想を打ち上げ，欧州統合を促進した。しかし，その後は，EU設立を主導したフランスやそれを支えるドイツが中心的役割を担い，英国は1973年に加盟したものの共通通貨ユーロは使用せず，従来のポンドを自国通貨としてきた経緯がある[14]。

② 英国の国民投票

　英国は，当初からヨーロッパ大陸の加盟国とは異なった立ち位置にあり，独自通貨のポンドを使い，欧州内の国境自由化の協定にも加盟していない。このため，ユーロ圏の国々に波及した欧州債務の影響や，難民の流入問題にも比較的距離感を持って臨むことができたとみられている。EUに加盟しながらも，他の加盟国とやや距離を置いてきた英国であるが，EUの法規制，通貨，移民政策等について，英国独自の政策を適用する自由を認めて欲しいというのが，英国政府が欧州首脳会議でEU改革案を示した背景である。2016年2月18・19日の欧州首脳会議でこの改革案は合意され，英国政府は，2016年6月23日に「英国はEUにとどまるべきか，離脱すべきか」二者択一の国民投票を実施することになったのである。EU加盟国の中でもギリシャ等南欧諸国のメンバーは，高い失業率と多額の政府債務を抱えており，リーマンショック以降その負担を他の加盟国が押し付けられる傾向が強まっていることも問題視されていた。

　2016年4月に，政府の広報として「政府はEUにとどまるべきとすることに投票するのが，UKにとってベストな決断であると確信します」という小冊子が各家庭に配られた。2016年6月23日の国民投票を前にこうした働きかけをしたのは，次のような理由からであった〈筆者訳〉。

　UKは，リフォームされたEUにおいて特別の地位を確保しました。

・我々はユーロには属さない（通貨はポンド）。
・我々は英国独自の国境コントロールを維持する（難民対応）。
・英国はこれ以上の欧州の政治統合の役割分担はしない。
・新たなEU移住者に対する我々の福祉システムへのアクセスについては厳しい新たな制約が設けられる。
・我々はEUの形式主義的な対応（ドイツ・フランス主導の官僚的な独断専行）を弱めるよう言明する。

　EUにとどまるメリット：EUは英国（UK）の最大の貿易パートナーであり，自動車から保険までUKが海外で売るものの44％をEU諸国が買ってくれている。EU内にとどまることは，その単一市場に我々が自由に全面的に参入する道を保証することを意味し，離脱した場合この保証はリスクにさらされる。EUの単一市場は5億人を超す顧客を擁し，UKの5倍以上の経済規模を有するこの市場向けにUKの会社が製品をより容易に売ることができ，その結果，雇用も確保されるのである。またEUの一員であることで，海外投資家にもより魅力を感じさせており，UKへの対内投資は過去10年来5,400億ポンドになっている。ちなみに，IT関係で輸出の46％がEU向けで130万人，運輸関係で輸出の44％がEU向けで106万人の雇用を生み出している。また，EUを離脱した場合，経済ショックが襲い，物価の上昇や生活水準を損なう結果を招く。輸出競争力はなくなり，コスト上昇や雇用不安を招く。EUの一員であることから，UK市民は他の欧州諸国を自由に安く旅することができているが，離脱すればその保証はない。EUの一員としてのコストは，UKの税1ポンド当たり1ペンス程度であり，これで経済の安定，雇用の確保ができるのである。そして最後に"The UK is a strong, independent nation."「英国は強い独立した国家である」と括られている。

　こうした政府の思い（政府与党内部でも2派に分かれていたが）に反して，投票結果ではシニア世代を中心とする保守派が離脱に票を入れ，僅差で

英国のEU離脱が決定されたのである。ロンドンのような都市部やケンブリッジのような有識者が多いとされる地域ではEU残留票が多く，結果として国民の半数近くが失望と不満を抱いている，という事実を見逃がしてはならない。

第2節　日本的経営システムとジャパナイゼーション

1．日本的経営システムの競争優位性

（1）　米国市場における日本企業の存在感

　米国の製造業は，大量生産方式によって20世紀前半に，圧倒的強さを発揮したが，1970～80年代になると日本や欧州からの輸入品が増える中で，生産性や品質の停滞，市場競争力の低下が著しくなっていった（河村編, 2005）。こうした経済危機を脱するために，米国の産公学が日本企業を分析研究し，日本的経営や生産システムの優位性に注目した。その結果，日本型経営・生産システムの考え方を取り入れた「リーン生産方式」の導入や，「生産システムそのものをより柔軟で効率的に組み替えようとするジャパナイゼーション」の動きが活発化したのである。ライカー他編著（2005）は，1980年代初めに米国大手製造企業のトップマネジメントが，「日本企業の競争優位が自分達をはるかに上回っていることを認識」し，その結果「日本企業が品質面で優れていること」，「クオリティこそ米国企業が環境適応のために取り組むべき重要課題の一つである」，との認識を持つようになった経緯を明かしている。そして，日本経済の好不況にかかわらず，日本のグローバル企業群が競争優位性を維持している点に着目し，「世界の有力企業が注目

している日本的経営システムの源泉は何か？　米国の条件に適用させるための移植と変革方法は何か？」という疑問の解明を試みた[15]。

その結果，日本企業に共通して見られる，世界で一流の生産管理・工場管理および人的資源管理や経営意思決定等を含む企業経営管理方式を，「日本的経営システム」と称し，そのシステムには，製造現場の生産システム，工場の組織と管理，企業の構造とシステム，そして社会制度的環境という四つの階層が存在すると結論づけた。日本のグローバル企業の製造管理方式から学んだことを，多くの伝統的アメリカ型の方式を採用している米国企業に伝えるために，日本的経営システムの定義，その有効性の源泉，国境を越えた競争優位の移転，ハイブリッド化，リーン体質のサプライヤーの創出，ジャストインタイムなどの製造管理方式を解説している。こうした研究そのものが，日本的経営システムの競争優位性を示す証左と言えよう。

(2)　英国産業における品質レベル

英国の全産業における品質レベルは，国際標準に比べて低いと言われてきた。ここで言う英国車の水準の低さというのは，具体的には，低い企業組織の基準，不正確な製品設計，複雑な生産パターン，旧式の機械，無関心なショップフロア（現場）のマネジメント，分裂した産業界の関係，そして見せかけだけの部品・製品テストや品質管理システムなどを指す。英国自動車メーカーは，長年生産ラインの一番後の検査段階で，エラーがはじかれるシステムを変えずにきた。また，職場における欠勤率や離職率の高さも現場を混乱させ，訓練と経験不足の作業者がトラブルを起こすといった悪循環を招いた。そして，部品在庫の不足や機械の故障等による頻繁なライン停止が，品質不良の原因となったことも指摘されている。1970年代には，TriumphやBLMC等の経営陣は，職工のレベルの低さが怠慢やケアレスミスによる不良品をつくるのだと考え，「きちんとした仕事をしよう」というキャンペーンを実施した程である。こうした経営陣と労働者間の職場の強いデマケーション（仕事の明確な区分）が，労使間の協調や職場の一体感の醸成を妨げ，

組織的硬直性や職場の信頼関係の希薄さが，英国産業の Quality と Integrity に影響を及ぼしてきたことは否めない。

このような背景を持つ英国市場において，1980年代の半ば以降進出してきた日本のカーメーカーのホンダ，日産，トヨタは，英国産業の硬直的な組織制度から逃れるために，英国の伝統的な自動車の生産地を避けて，新たにグリーンフィールドから生産工場を立ち上げた。地方の経験のない人々を採用して教育し，「品質と信頼性を造りこむ」日本的経営・生産システムの現地化を図っていったのである。かくして，日系自動車メーカーを中心に世界市場での品質水準を上げていく中で，英国のカーメーカーも，トヨタや日産他日本のカーメーカーの品質管理から学ぶ，ジャパナイゼーションの動きへとつながっていくのである[16]。

2. 欧米におけるジャパナイゼーションの動き

ジャパナイゼーションとは，「日本型経営・生産システムの基本論理や諸要素を取り入れ，生産システムそのものを，より柔軟で効率的に組み替えようとする動き」である（河村編, 2005, p.18）。1980年代以降，欧米の製造業における，日本的経営・生産システムの典型であるトヨタ生産システム（TPS）や「リーン生産方式」の導入による生産革新の一連の動きを指す。前述のように，1990年にMITの産業生産性調査委員会が，アメリカ型大量生産システムに対して日本型の生産システムを，「リーン生産システム」と呼んで優位性があることを示したことで，日本的経営・生産システムが世界的に注目された[17]。

（1）米　国　病

1970年代後半の英国産業競争力の衰退を示す英国病（British disease）については，前述したが，米国の統計学者 Deming（1986）は，『Out of the Crisis（危機からの離脱）』の中で米国病について述べ，「米国産業の病気の主原因

は，経営者達がビジネスとは金儲けのためにあると考えてきたこと，経営責任者がしっかりとしたマネジメントをしなかったことにある」，と断じている。デミングは，1970年代後半の米国産業の沈滞をリスクと捉え，西欧式マネジメントを見直して，高い品質の商品とサービスを提供することがマネジメントの責任であり，日本企業ではトップから作業者まで一丸となって品質を高める努力をして，生産性と競争力を高めてきたことから学ぶべきことが多くある，と述べている。

（2） 米国におけるジャパナイゼーション

　前述のように，1980年代の米国産業（自動車・電機・鉄鋼等）の国際競争力の再生を図るために，米国の産公学が日本企業を分析研究し，日本的経営や生産システムの優位性に注目した。その結果，日本型経営・生産システムの考え方を取り入れた「リーン生産方式」の導入や，生産システムそのものを，より柔軟で効率的に組み替えようとする「ジャパナイゼーション」の動きが活発化した[18]。

　ライカー他編著（2005）は，アメリカ産業の競争力を強くするために，日本の一流企業の競争優位性をもたらしている技術管理方式の調査・分析を行った。そして，日本的経営システムのアメリカへの移転，日米経営・生産システムのハイブリッド化，日本型製造管理方式の米国製造業への影響等についての調査結果をまとめ，『リメイド・イン・アメリカ』というタイトルで出版したのである[19]。彼らは，米国内で生産をしている日系企業をベンチマークし，米国の一流企業の数社が日本と米国双方でオペレーションを行い，日本企業の生産管理方式を模倣していること，その米国企業の模倣工場と在米国日系企業の工場における経営システムは，日本式／米国式のハイブリッド化されたものであることを事例を示して紹介している。

　このことは，日本のグローバル製造企業において実証済みの管理方式を米国に効果的に取り入れる，というジャパナイゼーションの試みが，確かにこの時期にあったことを示す証左である。

またライカー他は，環境適応のための学習として，日本的経営システムを取り入れた米国企業の事例を次のように紹介している。日本的経営システムは，多くのナレッジや広義の経営システムを支える各企業独自の価値や暗黙性を含み，米国の土壌に移植するのは容易ではなかった。そのため，競争優位を得る品質管理方式をできるだけ早く正確に学ぶために，日本企業への資本参加や日本企業との合弁会社を持つ動きがみられた。トヨタとの合弁事業から多くを学んだ GM や，マツダとの関係を用いたフォード社，合弁企業である横河ヒューレット・パッカード社（YHP）から学んだヒューレット・パッカード社（HP 社）らの動きを，クオリティ・マネジメントや環境適応戦略の重要性を米国企業が学習した事例として紹介している[20]。

　彼らは，北米の日系自動車メーカーが，国境を越えて競争優位性を移転させることに成功したカギが，その作業管理方式と人的資源管理の方針にあると指摘している[21]。特にジョブ・ローテーションやクオリティー・サークルのような小集団活動，提案制度といったシステムの導入，新たな技能を学ぶ姿勢や，他の従業員とともに働く能力を備えた人材の採用と育成が，成功のカギであった点が着目される。日本的経営システムが，米国という社会的コンテクストの中に移転され，変化しながらハイブリッド化して定着していくこと，それが適応型イノベーションになり新しい組織パターンを生み出してきたという知見は，大変興味深い[22]。

（3）　英国におけるジャパナイゼーション

　英国では，1980 年代におけるサッチャー政権の施策による成果が出始めた時期に，「日本的生産方式こそ英国産業の効率向上に不可欠である」との提案が行われ，日本企業による英国企業に対する経営と技術の移転が急速に進展したという背景がある[23]。こうした政府のバックアップと日本企業の経営技術指導によって，日本企業の系列企業における品質向上と経費低減は順調に進展し，英国自動車産業の国際競争力が向上して行ったのである[24]。1980 年代後半に英国に進出した日本企業が，日本式生産方式の現地企業へ

の移植を推進し，そうした動きが欧州におけるジャパナイゼーション（日本的生産方式の導入）につながっていった。

公文・安保編著（2005）によると，1998年8月に英国における日系自動車，電機企業の経営・操業実態を分析した結果では，「大陸ヨーロッパ諸国と比べ，イギリスでは，日本型経営・生産システムの現地移転が，より容易な条件が見られた」と評価している。英国の日系製造企業については，「良品質の製品を効率よく生産する日本のシステムが適用」されている一方で，「ローカルコンテントや経営者の地位では現地化が進み，部品調達費用と日本人経営者の派遣費用の削減が可能になっている」ことから，「方式適用・結果適応型」の理想的パターンであったと報告されている[25]。

同書では，「在英国日系企業の工場では，高い生産性と従業員の高度な技能形成，合理的な生産管理を特徴とするチームワークや，現場作業者の技能向上を促進するOJTの実施，セル生産方式の採用，そして現地企業との長期的取引関係の形成によるJITの実施等が認められた」と紹介されている。筆者が訪問した英国トヨタでの工場見学時にも，同様の経験を持つことができた。

以下に，英国におけるジャパナイゼーションの実態に関する研究論文の抜粋を，参考資料として示す。
① Bratton（1992）は，1980年代の始めに，日本的経営や生産システムが紹介され，英国の製造企業にも拡がって行った事実を示す研究結果を発表している。彼は，管理職が現場をよく理解して，生産性と品質を向上させるための工夫をすること，作業者の自主性を認めることで，柔軟で協力的で自己統制のとれた，より生産性の高い作業者集団になる，とする知見を述べている[26]。
② Oliver and Wilkinson（1988）は，80年代の後半に英国産業における「日本化（Japanization）」が図られた経緯について，研究結果を述べている。サッチャー政権による日本企業誘致政策に加えて，ヨーロッパ人陸

に比べて法制度や労使関係上の障害が少ない英国は，日本企業にとっても進出メリットがあり，欧州における最も重要な生産拠点となった。進出日系企業における「単一組合協定（single union agreement）」や，ジョブ・ローテーションなどの取組みは，英国の伝統的な労使関係に大きな変化をもたらした，と評価している[27]。

③ Dore（1973）は，英国と日本の産業界の労働組合と従業員の関係，そして管理者との関係について調査をし，英国が日本から学ぶべきことが有るのではないか，という問いの投げかけをしている（p.338）。1970年代，日本の経済力が存在感を示し始めていた頃の研究であり，ジャパナイゼーションと言われる時期が到来する15年前の論文である。

④ Duand（1999）は，日本的生産システムは，北米に次いでヨーロッパにも「リーン生産システム」として導入され，技術のみならず組織プロセスの発展，労務面での組織構造の変革，商品市場や労働市場にまで影響を与える産業モデルというべきインパクトのあるものであった，とする研究結果を発表している（p.2）。特に彼らは，日本モデルの象徴的要素として「チームワーク」を取り上げ，トヨタとGMの合弁会社NUMMIでの試行錯誤とその成果を紹介している。また，米ビッグスリーの本社と海外生産拠点に，そのノウハウが移転されていった経緯についても言及している[28]。

⑤ Moody（1997）は，英国に進出した日産ほか日本の製造企業が，ユニオンと折り合いをつけ，競争力あるリーン生産のモデルになった経緯を研究した。そして，1991年の製造企業を対象とした調査では，対象企業の72％が継続的改善に取り組み，68％がJITを，68％がQC活動を，56％がTQCを実践しているというデータを示している（p.103, p.290）。ジャパナイゼーションの動きが，欧米先進国の産業界における伝統的ユニオンのやり方を変化させていった事実が読み取れる。

3. 日本産業の競争優位性

(1) 日本の産業競争力

　1980年から1990年代にもてはやされた日本産業の競争優位性は，その後の日本経済の長期リセッションの影響もあり，2000年代に入ると，もはや世界的成功モデルとは言われなくなった（Oliver, 2002, p.1）。[29] 彼らは，1980年代，1990年代の日本産業の競争優位性をもたらした特徴の一つは，継続的改善を支える日本のprowess「すぐれた能力，勇敢な行為」であると評価している。しかし，その後の景気低迷期に業績が悪化して，ルノーの出資を仰いだ日産や，フォードが投資したマツダ，ダイムラークライスラーが株主となった三菱自動車の例を挙げて，財政的問題から外資の傘下に入ったことが，日本勢の競争優位性の退潮と見ているのである。

　アメリカ産業が得意とする情報関連製品など，いわゆる「モジュラー型」「オープン型」の製品アーキテクチャ（基本設計構想）をもつ分野は，従来からアメリカ産業が強いとされていた[30]。その製造下請として成長してきた韓国や中国の電子機器メーカーが，日本の電子機器メーカーよりも価格面で競争優位に立った結果が，日本衰退説や日本的経営・生産システム評価の低下につながっていったと考えられる。

　一方，トヨタに代表される日本の自動車産業の生産システムは，「戦前から戦後の早い時期にかけて，フォード生産システムのさまざまな構成要素を取り込んできた一種のハイブリッド・システム」と分類される。「大量生産のパラダイムを継承しつつも，フレキシビリティ・生産性・品質・スピードを高いレベルで両立させる方式」」[31]と言われ，現在もわが国の自動車産業の生産システムは，競争優位性のある分野と位置付けられている。

(2) トヨタの試練

　本書のはしがきで書いたように，ケンブリッジ大学滞在中によく質問され

たことは，「日本企業は強い，トヨタは強いと言われていたが，トヨタは米国で大変なリコール問題を起こして品質に対する信頼性を失ったのではないか!?」というものであった。「日本を代表するグローバル企業トヨタの誠実さと卓越性の模範的地位への疑問」とは，日本的経営・生産システムのコアである，クオリティとインテグリティに対する疑問や不信につながることである。本項では，トヨタ研究で世界的に実績のある，シカゴ大学ジェフリー・ライカー教授の知見を引用して，この疑問と不信を払拭するための説明を試みる。

　トヨタは，米国において2009年8月に起こったレクサスでの死亡事故（全天候型フロアマットがアクセルペダルを引っ掛ける問題）はじめ，プリウスのブレーキの空走感の問題，そして，戻りにくいアクセルペダルの問題，という3件の安全上の問題で，2009年末から2010年初めにかけて，1,000万台以上の車をリコールした。しかし，ライカー＆フランツ（2012a）は，これらのクレームには根拠がなく，トヨタ車の電子系の問題が意図せぬ急加速につながるという一方的な主張は，「根拠のない魔女狩り」であった，としている。2011年2月8日には，「電子系の問題は実際はなかった」というNASAの調査結果が報告され，サンディエゴの2009年8月の事故は，「代車として使われたレクサスに，間違った種類の大型用の全天候型フロアマットが固定されずに敷かれており，このマットがアクセルペダルを踏みつけて車を暴走させた事故である」と警察が報告書を提出していることがわかった[32]。アメリカ政府もその後の調査で，「暴走の原因は，ドライバーがアクセルとブレーキペダルを踏み間違えたことによるものであり，ブレーキの空走感も，車の正常な動作を突然の加速と誤解していたことによる」と結論づけた[33]。

　こうした事実確認の上で，ライカー＆フランツ（2012a）は，「トヨタ車は，この間，同社史上最も品質が高く安全だった」と述べ，2010年2月以降にトヨタがリコール危機から学び，対策を練り改善をしていった経緯を評価している。そして，「トヨタウェイは，製造業のみならず，銀行や医療，

政府等世界中の組織で実践され，素晴らしい成果を出している事実は変わらない」と述べている。

いったん拡がった不祥事情報は，事実関係が明らかにされた後も長く尾を引くが，このように明らかにされた事実関係は，もっと世界に向けて正確に発信されるべきであろう。

(3) トヨタの競争優位性

トヨタは前述のリコール問題後，1,000人の技術者を品質と安全担当に部署替えし，世界の地域ごとにチーフ・クオリティ・オフィサーという職位を新たにつくり，顧客の苦情を直接調査するチームを編成して，各地域のリコール決定の権限を強化する対策を取ったと言われる[34]。そして，トヨタはこの試練を乗り越えて，「最高品質車」，「最も安全な車」，「世界の自動車産業で最も価値あるブランド」，「長期間の信頼性が最も高い車」のカテゴリーで，世界トップレベルの地位を回復した[35]。トヨタは，デミング博士が教えた，プラン・ドゥー・チェック・アクト（PDCA）という継続的学習のサイクルを，継続的改善と人間尊重の原動力としている。そして，イノベーションと品質と安全を武器に，三河の小さな地方企業から世界最大の自動車メーカーに成長した。トヨタは，学習する組織の最も優れた事例と言われ，世界中で多くの組織がトヨタウェイの原則を学んで，医療，工業，鉱業，銀行，政府，その他無数の領域で素晴らしい結果を出していることは，広く知られている。

ライカー＆フランツ（2012a）は，グローバル市場で競争優位性のある企業をつぶさに調べて，トヨタ自動車の強さに注目した。彼は，「トヨタの成功のカギは，継続的改善を通じて会社の全階層で適応し続けてきたこと」であり，個人の想像力や辛抱強さから生み出される小さなカイゼンも，「人々の自信や革新的能力を向上させるのに役立ち，それがトヨタの競争優位性に繋がっている」と，説明している（pp.66-110）。また彼は，トヨタを含む，業績を向上させている企業に共通する特性として，「卓越性への情熱，顧客

満足に対する執着心，完全性を目指す姿勢，中核的価値観が会社を動かしていること，謙虚でエゴを会社に持ち込まない自己批判的な幹部，永続するものを構築する欲求や，成功するには人への投資しか方法がないということに対するゆるぎない信念」といった要素を列挙している。そして，特にトヨタの「会社の上下，縦横のあらゆる部分での価値観の首尾一貫性と使命感の強さ」に注目している。これは，いわばトヨタの筋金ともいうべきものであり，本書の第5章で強調している「インテグリティの概念」につながる知見である。

（注）
1) 公文・安保編著（2005）を参照されたい。
2) フォード社は，1911年に英国工場を建設し，同年GMもボクソール社を買収して英国に進出していた。
3) 《http://gendai.ismedia.jp/articles/-/20508》。
4) British Leyland- a History によれば，BLは「1970年代における英国製造業のうまくいかなかった悪しき象徴─常態化したストライキ，低い品質管理水準，投資不足，マネジメントの失敗，政府の過剰介入。そして，その結果としての国内外における市場シェアの低下─であった」と評されている。出所：《http://h2g2.com/》
5) Whisler（1998）参照。
6) Whisler（1998）はその研究において，英国資本の企業は浸透性の弱味─特にエンジニアリング，製品デザインの特性，品質そして配送といった面での弱さに苦しんでいたことを指摘している。
7) Wright（2000）やChurch（1995）は，この時期の英国産業のたくさんの組合の存在が，各職場の中で自分が属する組合組織化を図る組合間の競争という結果を招き，セクショナリズムが組織的連携や人間関係に深刻な影響を与えたと指摘している。このころの英国自動車産業では，他の国と比べて高いストライキ発生率を示している。1969～1973年にストライキは273件あり，1974～1978年には194件と記録がある。working day lost（不稼働日）は1894日と記録されている（Church, 1995, p.69）。
8) Charron（2004, pp.286-287）。
9) 公文・安保編著（2005）に詳しい。
10) ユーロスタット2012年産業部門総労働費用。
11) 《http://gendai.ismedia.jp/articles/-/20508?page=3》。
12) BBC News 2016年1月21日《http://www.bbc.co.uk》。
13) 『日本経済新聞』2016年9月4日付朝刊。
14) 外務省ホームページ《http://www.mofa.go.jp/》。
15) ライカー他編著（2005）は，前掲の安保ら研究グループの視点とはまた別の角度から，①日本的経営システムの中で，ある程度無修正のままで合衆国に移転できる

ものは何か，②移転の際に著しく変質を受ける部分は何か，③新しく作らなければならないものは何か，について階層モデルという概念から解明しようと試みた（pp.1-8）。
16) 公文・安保編著（2005, pp.311-312）を参照。
17) ダートウゾス他（1990, p.112, p.236）に詳しい。
18) 1980年代に，環境変化に適応できず深刻な経営危機に陥ったGMは，トヨタとの合弁会社NUMMIに定期的に人を派遣してNUMMI方式を学習し，工場レベルの作業組織の改革も行った。トヨタ自動車の主査制度等を参考として開発組織をつくり，日本方式を導入して，開発期間の短縮・開発コストの削減を目指す「コンカレント・エンジニアリング」を推進した（河村編，2005, pp.125-140）。
19) ライカー他編著（2005）。
20) HP本体の1980年代の品質改善プログラムの結果，品質保証のコスト・在庫・リードタイム・人件費の削減ができ，劇的に顧客の不満レベルを下げることで顧客ロイヤリティを上げ，「品質向上が製品の売り上げ拡大に繋がる」ことが明らかにされた。この間，日本のYHPのトップからTQCのマネージャーまで，多くの日本人が頻繁に米国HP社に出向いて指導し・話し合い，一方HP社の米人マネージャーも足繁く日本のYHP社を訪問したという。HP社は，1996年には米国PC関係企業における顧客満足調査で最高の品質評価点を獲得していることからも，品質についての学習効果が受け継がれているものと考えられる。詳しくは宮川（2008）pp.85-88を参照されたい。
21) 日本的生産システムの中でも，チームを基礎とした生産原理や問題解決への労働者の参加，賃金，ジョブ・ローテーション，少数の職務区分，経営者と従業員間の差別の少なさ，そして高い訓練水準，作業組織および技術開発に関連する管理方式や方針の重要性に注目している（ライカー他編著，2005, pp.53-61）。
22) ライカー他編著（2005, p.516）。
23) 影山（2005, p.142）は，「1990年代後半には，日本の事業展開方式に対する理解が深まり，日本的製造方式の導入に拍車がかけられてきた。」と述べている。
24) イギリスの自動車部品工業においては，1980年代後半より，日本における下請取引慣行ならびに製造方式など日本の事業慣行を導入する企業が増え，英国産業における事業慣行の日本化が急速に進展した（影山，2005, p.142, p.183, p.185）。また，本田技研工業が，英国のローバーに対して，経営指導ならびに技術指導を行ってきた例が示すように，日本企業による英国をはじめとする欧州諸国自動車産業に対する経営・技術指導が，欧州車の競争力回復に少なからず貢献してきたと言える（影山，2005, p.169）。
25) 公文・安保編著（2005）は，「日本企業は，欧州特有の経営環境のもとで，制約条件はあるものの，フレキシブルにシステム構築要素の適用方法を作り出している。このような異なる経営環境下におけるフレキシブルな適用方法の創出が，日本企業の特徴と言えるかもしれない」と述べている（pp.408-412）。
26) 日本的生産システムを実践する際に，マネジメントが忘れてはならないのが，安定的労務関係である。労働者が，自分の仕事の成果を正当に評価され，一体感のある職場であると感じられれば，組合組織に頼る必要はなくなる，という説が紹介されている（Bratton, 1992, pp.209-214）。
27) 英国製造現場におけるジャパナイゼーション：1983年より84年までの間に，英

国企業の 20％ないし 40％が，日本的生産方式の導入に踏み切っている。さらに，1988 年より 1989 年までに，40％ないし 60％の企業が日本的生産方式を導入した，と述べている（Oliver and Wilkinson, 1988, pp.144-252）。
28) NUMMI におけるチームワークの項では，NUMMI がライン稼働に際して，アンドン制や標準化作業などの制度を徹底させ，作業後にも問題解決のサークル活動や提案制度等に，作業者を参画させる施策を実施していたことを紹介している（Duand, 1999, p.139）
29) Oliver（2002）の 2001 年の調査結果では，日本企業における労働生産性は，米国や UK よりも高かったことを示している。日本経済の停滞という困難な状況下でも，日本の製造企業は継続的改善を行い，運用効率を向上させてきたことを評価し，西欧の企業は学ぶべきであると結論づけている（p.13）。
30) 藤本（2015）に詳しい。
31) 藤本（2015, pp.78-91）。
32) ライカー＆フランツ（2012a, pp.26-27）。
33) 2009 年秋から 2010 年にかけて，アメリカ政府とメディアは「トヨタはペテン師」だと非難した。また同時期に，米国トヨタの顧問弁護士が，トヨタをハラスメントで訴訟するといった事件が起こり，全米で起こった集団訴訟の動きと共に，トヨタを追い詰めた。この背景には，米国政府が国有化していた GM の株式を高めで売却しようとした意図があった，という噂も否定できない。ライカー等は，こうしたバッシングは，トヨタだけではなく，1986 年のアウディ車の「魔女狩り事件」のように，意図的に起こされた可能性も否定できない，と報告している（ライカー＆フランツ，2012a, pp.31-33）。
34) ライカー＆フランツ（2012a, p.34）。
35) トヨタは，年間 1000 万台以上の自動車を売る世界トップの自動車メーカーであり，世界 27 カ国・地域に生産拠点を持ち，平均稼働率 90％を誇るグローバル体制を築いている。日本での生産台数は年間 326.6 万台，販売シェアが 40.9％，米国での生産台数 133.4 万台，カナダでの生産台数 57.9 万台，北米全体の販売シェアは 14.4％，アジアでの販売シェア 44.3％，生産台数は中国 96.7 万台，タイ 73.2 万台，インドネシア 42 万台他。そして欧州での販売シェアは，4.8％，生産台数はフランス 22.5 万台，チェコ 20.3 万台，英国 17.1 万台，トルコ 13 万台他となっている。

　リーマンショック後の 2009 年度決算で営業赤字転落，2010 年米国での大規模リコールで厳しい批判を浴びたトヨタは，守りを最優先にしてきた。しかし，業績回復と共に攻めに転じ，グローバル生産体制を整備してきている（『週刊東洋経済』2015 年 5 月 2 日・9 日合併号，pp.39-41）。

第 4 章

英国調査結果報告

　本章では，海外の日系製造企業において実際にどのような品質経営が行われ，どういう成果を上げているかについて，調査結果をまとめて示す。

　2015年11月から2016年5月まで，筆者が英国ケンブリッジ大学と中京大学との支援を得て実施した調査では，2002年7月に中国にて実施した「在中国日系製造企業におけるTQMの実践と成果検証」の調査方式，および2007年7-8月に実施した「在米国日系製造企業におけるTQMの実践と成果」の関係調査方式を踏襲した。米国マルコム・ボールドリッジ国家品質賞（MBA）モデルのスケールを用いた調査票の回収データを集計し，前回の調査結果と比較分析して得られた発見事実について述べる。

第 1 節　研究方法と手順

1．調査方法

　我々研究グループは，英国およびドイツでオペレーションを展開している日系製造企業を対象とし，第2章で述べたように，米国MB賞モデルに準

拠した質問票による調査を実施した。TQM実施策として8項目（＃1リーダーシップ・＃2品質情報の活用・＃3戦略性・＃4人的資源活用・＃5品質保証・＃6サプライヤーとの関係・＃8顧客満足・＃9公共責任），またTQM成果として，＃7の質問項目（競争力・市場占有率・取引維持への貢献度・コストの削減・利益の増・従業員満足）について質問し，回答を得た。

　質問票に設定された各々の質問に対して，回答者は所属企業の状況に基づいて，ふさわしいと思われる程度に応じて，5点－非常に高い，4点－高い，3点－どちらともいえない，2点－低い，1点－非常に低い，×－回答不可—の6種の選択肢から一つを選び回答する方式を採用した（得点が高くなるほど，実施程度や品質経営の成果の度合いが高いことを意味している）。同時に，ビジネス領域・売上規模・社員数・品質経営取組み実績等の情報，および今回は特に，インテグリティに関する自由意見も併せて回収した。

　質問票は，基本的にRaghunathan et al.（1997）の調査にならって，以下九つのカテゴリーに分けている。今回は質問項目については，欧州での調査内容に沿うように98の質問に調整した。

1. リーダーシップ：
    1a. 経営トップは品質保証についてどの程度責任を持っているか—他8項目。
2. 品質情報：
    2a. エラー率，不良率，スクラップ発生等のデータ入手性—他7項目。
3. 戦略：
    3a. 品質経営は会社の戦略的計画にどの程度織り込まれているか—他9項目。
4. 人的資源の活用：
    4a. 品質に関連した訓練は全社的に行われているか—他13項目。
5. 品質保証：
    5a. 新製品／サービスの設計はどの程度見直されているか—他11項目。

6. サプライヤー：
　　6a. サプライヤーは価格よりも質をベースにして選定されているか―他9項目。
7. 業績成果：
　　7a. スクラップの発生は品質経営によってどの程度削減されてきているか―他12項目。
8. 顧客満足：
　　8a. 貴社はお客様に満足戴く事を総合的に約束していますか―他17項目
9. 公共性・従業員訓練他：
　　公衆衛生問題は会社の責任として捉えているか―他3項目。

2．調査対象ユニバースとサンプル

　東洋経済新報社編『海外進出企業総覧2015年版』掲載の英国進出日系企業（出資比率51％以上）の中から，製造企業で実際に生産活動を実施していると推測される75社を抽出し，郵送で調査依頼書・実施調査の背景説明書・質問票（それぞれ和文・英文表記）と返信用封筒を同封して発送した。しかし，宛先不明や責任者が離任して差出人に戻されたものや，全く無視されたものが多く，回答が得られたのは9社のみであった。また，経営環境の変化によって事業撤退したケースや，現地経営者に代わっているため，「日系企業における生産管理方式の調査」に抵抗感を持つ企業や品質関係の調査に否定的な企業からは，協力辞退の連絡があった。その後，中京大学総合政策学部プロジェクト研究グループの協力も得て，上記英国進出日系企業75社中回答を得ていない企業と，ドイツにおいて事業活動をしている日系企業48社の出資会社である日本本社に直接コンタクトをして，調査への協力要請を試みた。その結果，最終的に在英国企業社15社，在ドイツ企業3社，合計18社からの回答を得ることができた。

第2節 調査結果

1. 調査対象企業概要

今回のアンケート調査対象企業の概要を，図表4-1にまとめた。全体の半数が，年商100億円（1ポンド150円として計算）以上の売り上げを有する大規模企業であり，全体の45％が1,000人以上の社員を雇用している。また売り上げに占める輸出の割合は，半数が50％以上と回答している。前回の米国における日系製造企業調査では，全体の約9割が輸出割合は25％以下であった。米国市場を主戦場としている在米国日系製造企業と，EU地域への輸出を重視している在欧州日系製造企業では，経営戦略上の違いが大きいことがわかる。その他の項目については，以下に箇条書きに示す。

① ビジネス領域については，自動車関連製造企業が11社と多く，他に電子機器関連2社，その他製造業5社という結果であった。

② TQMを率先して実施してからの期間については，1年未満と回答し

図表4-1　アンケート調査対象企業概要

売上規模			輸出比率			社員数		
売上 (百万ポンド)	会社数	構成比 (％)	輸出比率 (％)	会社数	構成比 (％)	社員数	会社数	構成比 (％)
2.1～40	5	27.8	50以下	7	38.9	50～149	1	5.6
41～70	3	16.7	51～75	2	11.1	150～499	8	44.4
71～129	2	11.1	76～100	7	38.9	1,000～4,999	7	38.9
130以上	7	38.9	無回答	2	11.1	10,000～	1	5.6
無回答	1	5.6	合計	18	100	無回答	1	5.6
合計	18	100				合計	18	100

た企業が 1 社，残りの 17 社は 5 年以上の実践実績を有している。この実施期間の差が，成果にも反映されているとみられる。詳しくは，データを示して後述する。

③ 導入した生産システムは，日本から移転したものか，現地適用なのか等について質問した結果は，次の通りである。

1) 日本本社の生産システムを移転し，そのまま運用　2 社
2) 日本本社の生産システムを移転し，現地で必要に応じて適応させてきた　11 社
3) 現地パートナーの生産システムが導入され，今もうまく運用されている　4 社
4) その他[1]

「日本本社の生産システムを移転し，現地で必要に応じて適応させてきた」という企業では，日本式生産システムと現地適応のハイブリッド方式が，うまく運用されていることがうかがえる。

図表 4-2 は，TQM の実践と成果についての，これまでの 3 回の調査結果を比較した一覧である。表に示されているように，9 割以上の企業が TQM を 3 年以上実施しており，戦略計画への組入れについても，8 割以上の企業が実施していることがわかった。英国での調査では，回答企業数は少なかったものの，TQM 実施年数や戦略的取組みの 2 項目に関しては，過去の調査数値よりも高めであった。ただし，取引関係や業績成果への TQM 貢献については，今回は自己評価が低くなっている。これは，既存の競合企業との競争が激しい欧州市場において，思うように業績やシェアを伸ばせていない企業も含まれており，TQM と業績成果との関連性についての評価が低くなったことが原因とみられる。

図表 4-2　TQM の実践と成果についての調査比較一覧

Items	TQM実践と成果		
	2002 年中国調査	2007 年米国調査	2016 年英国調査
回答企業数	52	32	18
TQM 実施 3 年以上	90％ *	91％	94％
TQM を戦略計画に組入れ	81％	81％	83％
TQM の取引関係への貢献	75％	66％	39％ **
TQM の業績成果への貢献	62％	63％	50％ **

＊上記％は，各質問への肯定的回答の割合を示す。
＊＊今回の英国調査対象企業では，貢献度はあまり高くはない。

2. 調査結果

（1） クオリティ・マネジメントの成果

図表 4-3 は，調査票の 7 番目の「クオリティ・マネジメントの実践によって得られた成果」について，質問に対する回答をまとめたものである。

例えば，表中 7A の「①スクラップ減」の項目は，「スクラップの発生は，品質経営によってどの程度削減されてきていますか？」という効果の度合いに関する問いに対し，「1. 非常に低い」から「5. 非常に高い」までの 5 段階評価で回答した結果を示している。この 7 番目全項の平均値比較で成果が高かったとする，4 ポイント以上の「高成果組」と，平均が 3 ポイント未満の「低成果組」，その中間の「中成果組」の 3 グループに分類したところ，前述のごとく，18 社の内 4 社が「高成果組」入りした。「高成果組」では，特に「苦情の減（7D）」において，4 社すべてが満点の 5 ポイントと評価しており，「クオリティ・マネジメントの実践によって競争力が高まった（7E）」，生産性が向上した（7H），利益が増加した（7J），業績成果に貢献した（7L），そして従業員満足度が向上した（7M）」とする項目で，平均値 4.75 ポイントという高い評価を示している。逆に，低成果組の 2 社は，特に

図表4-3　TQM実践と成果自社評価一覧

	社名	7A	7B	7C	7D	**7E**	**7F**	**7G**	7H	7I	7J	7K	**7L**	**7M**	平均
		①	②	③	④	⑤	⑥	⑦	⑧	⑨	⑩	⑪	⑫	⑬	
高成果組	A社	5	5	5	5	5	5	5	5	4	5	5	5	5	4.92
	B	5	5	4	5	5	4	4	5	5	5	5	5	5	4.77
	C	4	4	4	5	5	5	5	5	4	5	5	5	5	4.69
	D	5	5	5	5	4	3	4	4	4	4	4	4	4	4.23
		4.75	4.75	4.50	5.00	4.75	4.25	4.50	4.75	4.25	4.75	4.75	4.75	4.75	高成果組
中成果組	E	4	4	5	4	5	4	4	4	2	4	3	4	4	3.92
	F	4	4	5	5	3	4	x	3	3	4	4	4	4	3.92
	G	4	4	4	4	4	x	x	4	4	3	3	3	x	3.70
	H	4	4	4	4	4	x	4	3	3	3	3	3	3	3.67
	I	3	3	3	4	4	3	3	3	3	3	3	4	3	3.38
	J	3	4	4	5	4	3	3	3	2	2	3	4	3	3.31
	K	4	4	4	3	3	3	3	3	3	3	3	3	2	3.23
	L	3	3	3	3	x	4	3	3	3	3	3	3	3	3.08
	M	3	4	4	3	3	3	3	2	3	3	3	3	3	3.08
	N	2	3	3	3	4	4	3	3	3	3	3	3	3	3.08
	O	3	3	3	3	x	x	x	x	x	3	3	x	x	3.00
		3.36	3.64	3.91	3.73	3.70	3.43	3.38	3.30	3.00	3.09	3.09	3.50	3.11	中成果組
低成果組	P	3	3	3	3	3	3	3	3	2	3	3	3	3	2.92
	Q	2	2	2	3	3	3	3	2	3	2	3	3	3	2.69
		2.50	2.50	2.50	3.00	3.00	3.00	3.00	2.50	3.00	2.50	3.00	3.00	3.00	低成果組
	R (無回答)	x	x	x	x	x	x	x	x	x	x	x	x	x	x

※各欄の項目は以下の通り。
①スクラップ減　②造り直し減　③品証コスト減　④苦情の減　⑤競争力の増　⑥市場シェア増　⑦取引貢献　⑧生産性向上　⑨通し時間短　⑩利益の増　⑪原価低減　⑫成果貢献　⑬従業員満足

「生産性が向上した(7H)，利益が増加した(7J)」という項目で，ネガティブな2ポイント台の評価であった。

(2) TQM成果の調査結果比較

図表4-4は，2002年中国での調査結果，および2007年米国での調査結果

を示している。企業成果について，評価ポイントの平均値で「高成果組」，「低成果組」，その中間の「中成果組」の3グループに分類したものであるが，今回の調査結果と比較してみたい。

今回の調査結果では，高成果組における自己評価水準は全般的に高かったものの，市場シェア増7Fと取引への貢献7Gについては，米国調査時のみならず，中国調査時の高成果組の評価ポイントよりも若干低かった。これは，今回の調査で高成果組に入った企業は，自動車関連企業であり，欧州市場での日系自動車関連企業のシェアが，既存の競合企業との競争が激しいため，思うように伸びていないという事情にも関係しているとみられる。

一方で，低成果組の今回数値は，前回の米国調査時より全体的に高めの評

図表 4-4　調査結果

〈2002 年　中国〉

#7 の平均値分類	NO	7A	7B	7C	7D	7E	7F
	企業数	スクラップ減	造り直し減	品証コスト減	苦情の減	競争力の増	市場シェア増
高成果組（4以上）	12社	4.25	4.25	4.25	4.25	4.58	4.5
中成果組（3〜4）	34社	3.44	3.55	3.41	3.67	3.7	3.51
低成果組（3未満）	6社	2.33	2.83	2.5	3.5	3.33	3.33
#7 の平均値分類	7G	7H	7I	7J	7K	7L	7M
	取引貢献	生産性向上	通し時間短	利益の増	原価低減	成果貢献	従業員満足
高成果組（4以上）	4.58	4.41	4	4.16	4.08	4.5	4.33
中成果組（3〜4）	3.76	3.61	3.35	3.35	3.41	3.52	3.32
低成果組（3未満）	3.5	3	2.8	2.66	2.5	3.33	2.5

〈2007 年　米国〉

#7 の平均値分類	NO	7A	7B	7C	7D	7E	7F
	企業数	スクラップ減	造り直し減	品証コスト減	苦情の減	競争力の増	市場シェア増
高成果組（4以上）	9社	4	4.44	4	4.78	4.89	4.67
中成果組（3〜4）	19社	3.74	3.53	3.53	3.74	3.68	3.16
低成果組（3未満）	4社	2.5	2.75	2.5	3	2.5	2.25
#7 の平均値分類	7G	7H	7I	7J	7K	7L	7M
	取引貢献	生産性向上	通し時間短	利益の増	原価低減	成果貢献	従業員満足
高成果組（4以上）	4.67	4.44	4.22	4.56	4.22	4.78	4.11
中成果組（3〜4）	3.74	3.58	3.21	3.21	3.37	3.58	3.37
低成果組（3未満）	2.5	2.5	2	2	2	2.75	2.25

価ポイントとなっている。従業員満足度については，中国調査時，米国調査時と比較して，今回調査企業の評価ポイントは，高成果組と低成果組ともに高い評価となっている点が注目される。

(3) クオリティ・マネジメントの施策と成果

図表4-5は，TQMの実施策と成果について，各社が自己評価した結果を高成果組と低成果組に分け，それぞれの平均値を3地域別に集計して比較した表である。今回の調査では，過去2回の調査に比べて全体的に高い評価となっているが，クオリティ（品質）経営におけるリーダーシップ，品質情報

図表4-5 各項目別の高成果組と低成果組の平均値比較

		ITEM	中国調査結果 高成果	中国調査結果 低成果	米国調査結果 高成果	米国調査結果 低成果	英国調査結果 高成果[*1]	英国調査結果 低成果[*2]
＃1		リーダーシップ	4.65	3.84	4.72	3.48	4.94	4.00
＃2		品質情報	4.44	3.06	4.28	3.47	4.84	3.00
＃3		戦略性	4.58	3.45	4.57	3.20	4.88	3.20
＃4		人的資源	3.90	2.50	3.85	2.60	4.21	2.53
＃5		品質保証	4.48	3.01	4.35	3.33	4.67	3.46
＃6		サプライヤー	3.89	2.87	3.86	2.65	4.03	2.65
	7E	競争力	4.58	3.33	4.89	2.50	4.75	3.00
	7F	市場シェア	4.50	3.33	4.67	2.25	4.25	3.00
	7H	生産性	4.41	3.00	4.44	2.50	4.75	2.50
＃7	7J	利益	4.16	2.66	4.56	2.00	4.75	2.50
	7L	成果貢献	4.50	3.33	4.78	2.75	4.75	3.00
	7M	社員満足度	4.33	2.50	4.11	2.25	4.75	3.00
		＃7成果の平均値*	4.32	2.88	4.43	2.39	4.60	2.81
＃8		顧客満足	4.29	3.23	4.46	2.79	4.49	3.56
＃9		公共責任	4.35	2.90	4.16	2.75	4.31	3.25

*1 高成果組：＃7の業績成果項目の平均値が5段階評価中4以上の企業群
*2 低成果組：＃7の業績成果項目の平均値が5段階評価中3未満の企業群

と戦略性についての高成果組の自己評価が，過去の調査結果に比較しても非常に高く，その重要性が浮き彫りになった。今回の調査対象で高成果組に入った4社は，いずれも自動車関連企業であり，ほとんどの項目で自己評価が高かった。結論として，競争優位性のある企業では，強いリーダーシップを発揮し，TQMを活用して戦略的に取り組むことで，生産性・企業業績，そして社員満足度を高めていることがわかった。

(4) クオリティ・マネジメントの導入経緯

各企業に「品質を重視するプログラムを実施するきっかけとなった理由」を複数回答してもらった結果，該当項目トップ3は，以下の通りであった。

①強い顧客の要請　12社　②競争の激化　11社　③コスト低減の必要性7社

いずれも，市場で勝ち抜いていくために必要な要因であり，品質―生産性―競争力向上というデミング理論の正当性が示されている。

(5) Quality（質）とIntegrity（真摯な取り組み）について

今回の調査では，高い品質を継続的に生産するために必要とされるインテグリティ（真摯な取り組み）について，自由記入欄を設けて質問した。各社の質を高める経営と，それを支える社員のインテグリティとの関連性について，貴重なコメントを寄せていただいたので，社名を伏せて筆者訳を以下に掲載する。

〈在欧州日系企業アンケート回答者コメント〉

質問票の最後に，「Quality（質）とIntegrity（真摯な取り組み）について」，以下のような設問を加えた。

> 品質経営には，トップから従業員すべてにおいてIntegrity（真摯さ＝Integrity is the quality of being honest and having strong moral principles）が必要だと言われますが，貴社での取り組みを踏まえてご自身のお考えをお聞かせ下さい。（自由記入）

これに対して，以下のようなコメントが寄せられた。

▶この二つは，強くつながっているとの考えに同意する。

▶Esserntial 不可欠のものである。

▶"Bad news first"「悪い知らせは一番先に言う」ことにIntegrityの高さをみる。

▶賞賛に値するコンセプトであるが，売上拡大と利益改善という経営トップの圧力，プラス顧客からの原価低減へのプレッシャーがある現実の世界では，この考えは存続するためには結構な考えだが，深遠なコンセプトである。

▶顧客満足ということが，我々のBusiness IntegrityとOperations Managementにとって最も重要なので，Integrityは社内と社外の顧客の間の関係における鍵と言えよう。わが社の品質ポリシーは，役員から現場の社員まで，品質についてのコミットメントとして明示されている。

▶我々の倫理とIntegrityの価値ステートメントは，我々のミッション，ビジョンそして価値の一部を形成している。Integrityは，この質問票で報告したすべての局面で重要であるが，特に外部ステークホルダーから要求される，財政上環境保全上の局面で重要である。Integrityは，内外双方のステークホルダーへのマネジメントのアプローチの確実性を支えるためにも，不可欠のものである。こうした理由から我々は，マネジメントシステムの監査やEFQM Excellence Model，The British Safety Council schemeとIIPのフレームワークを使った，自己評価のアプローチに重きを置いている。

▶Integrityは基盤であり，全社員が考え行動する拠り所となる，当社の

哲学の必須の部分である。それは，コアとなる価値である。

▶ 我々は，どの社員のIntegrityも，その企業が長期的に続く成功の基礎となるものであると信じている。Integrityは，もちろん毎日の業務に影響を与え，プロセスやQualityに影響を及ぼす。我々の管理コード（Code of Conduct）によれば，会社は役員から作業者に至る全グループ社員が，毎日のルーティンの流れの中で遂行しているグループのマネジメントポリシーに，積極的に貢献することを期待している。

▶ 我々は，行うべきすべてのことにおいて，Integrityを最高レベルにまで上げることを強調する。「3つ（会社とお客様と社会）のハーモニー」という会社方針のもとで運営を行っている。我々は，非常に強いmoral principles（倫理的原則）を持っている。それは，お互いを尊重したり，多様な文化を超えてそれぞれの同僚をサポートしたり，すべてのレベルで共有され，示される原則である。Qualityは，すべての仕事において各自のコミットメントを要求し，取引ネットワークを横断する社内外のコミュニケーションを要求する。お互いを尊重する文化や，我々のIntegrityというのは，単にQualityの履行に関連しているだけではなく，我々の会社の強みとしてしっかり保証されているのである。

▶ わが社の社員が，クオリティシステムとプロセスを受け入れることは，必須のことである。社員は，ハイレベルのインテグリティをもって，これらのシステムとプロセスが，確実にうまくいくように運営しなければならない。

▶ 誠実さ，信頼性，そして会社への帰属意識というものが，高品質の製品を生産するためには不可欠である。会社と自分との関係をよく認識できる人々のみが，高い品質と信頼できる製品を提供できる。リーダーは，毎日のオペレーションにおいて，原理原則の道しるべとなるお手本を示すことが求められる。

▶ built-in quality with OWNERSHIP オーナーシップをもって品質を造り込め。

▶トップから中間管理職までは共有できているが，その下の階層への伝達が難しいと感じている。

3．発 見 事 実

　中国・米国・英国でのアンケート調査結果から明らかになったのは，第一に，調査対象となった企業の9割以上が，クオリティ・マネジメント（TQM）を3年以上継続的に実践し，クオリティ・マネジメントの実施年数が長い企業ほど，高い企業成果を上げている傾向が認められたことである。今回の調査では，TQMを率先して実施してからの期間については，94％に当たる17社が，5年以上実践してきていると回答している。一方で，実施期間が1年未満と回答した1社は，「スクラップ・造り直し・品証コストの減」，「生産性向上」項目において，ポイント2の自己評価をしており，低成果組に組み入れられている。米国での調査においても，低成果組4社のうち2社が「TQM実施年数が2年以下」と回答していることからも，クオリティ・マネジメントの実践年数と成果の間に，有意な関係が存在すると考えられる。

　次に発見事実として挙げるべきことは，導入した生産システムは，日本から移転したのか，現地適用なのか等についての質問に対する興味深い回答である。今回の英国を中心とした調査対象企業は，進出して20年以上経過している日系製造企業や，現地企業を買収して操業を行っている企業が多く，日本本社の生産システムを移転しそのまま運用しているという回答は，2社しかなかったことである。日本から生産システムを移転し指導してきた日本人駐在員の多くは帰国し，現地社員によって現地定着化が進められている例が多かった。日本本社の生産システムを移転し，現地で必要に応じて適応させてきた，という回答が一番多く11社あった。そして，現地パートナーの生産システムが導入され，今もうまく運用されていると回答した企業が4社であった。

これらのことを考え合わせると，日本式生産システムであれ，現地の生産システムであれ，あるいはそのハイブリッド方式であれ，クオリティ・マネジメントの重要ポイント（MBAモデルでいうTQM実施策としてのリーダーシップ・品質情報の活用・戦略性・人的資源開発・品質保証・サプライヤーとの関係・顧客満足・公共責任）を徹底実践している企業は，しかるべき成果を上げているというのが，調査結果から得られた発見事実である。

第3節　企業訪問による調査結果

1．在英国日系製造企業を取り巻く環境

（1）日本の対英投資

図表4-6のように，2010年以降，日本から欧州への投資のうち1位を占

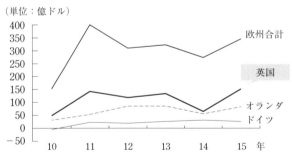

図表4-6　日本の対英投資額

注）ジェトロ資料を基に作成。欧州合計はロシア・東欧含む。
出所）ジェトロ資料《https://www.jetro.go.jp/world/japan/stats/fdi/》（2017年1月5日現在）「日本の国・地域別対外直接投資（欧州合計は，ロシア・東欧を含む）」を基に作成。

図表 4-7　英国の自動車生産台数(2015 年 1-12 月累計)

	乗用車	商用車	合計	エンジン
生産台数	1,587,677	94,479	1,682,156	2,368,477
前年比（％）	3.9	33.3	5.2	−1.1
（内数）輸出	1,227,881	47,179	1,275,060	1,516,883
前年比（％）	2.7	35.1	3.7	2.0
対生産（％）	77.3	49.9	75.8	64.0
（内数）国内販売	359,796	47,300	407,096	851,594
前年比（％）	8.1	31.6	10.4	−6.1
対生産（％）	22.7	50.1	24.2	36.0

出所）　The Society of Motor Manufacturers and Traders (SMMT)
　　　データ（自動車情報ポータル　MARKSLINES）
　　　《https://www.marklines.com/ja/statistics/flash_prod/productionfig_uk_2015》

めるのは常に英国で，日本の対英国投資は，2015 年に 152 億ドル（約 1 兆 6,000 億円）と，2 位のオランダ（83 億ドル）の約 2 倍の投資額になっている。世界全体でみても，2015 年の対英投資は，米国に次いで 2 番目に高い水準になっている。英国にはおよそ 1,100 社の日系企業があり，14 万人の雇用を生み出している。図表 4-6 にあるように，日本の欧州への投資額の中に占める英国の割合は，年々増加傾向にある。

(2)　英国自動車産業

現在英国には，トヨタ，ホンダ，日産，フォード，BMW，など，世界を代表する自動車メーカーが拠点を構え，年間 168 万台の自動車が生産されている。日系自動車メーカーの日産・トヨタ・ホンダ 3 社の自動車生産台数は，年間 80 万台で，全英国生産量の 50％を超える。2015 年の英国自動車生産台数は図表 4-7 の通りである。

2015 暦年の乗用車・商用車合計生産台数は 168 万台であり，その内 128 万台（全生産の 75.8％）が輸出されている。つまり英国で生産された自動車

の内,自国内で消費されるのは,4分の1だけしかないという市場である。英国のメーカー別自動車生産台数とシェア (The Society of Motor Manufacturers and Traders による 2014 年・2015 年データ) を図表 4-8 に示す。

ほとんどが外国資本メーカーであり,日系自動車メーカー 3 社の合計は 5 割を超えている。では,英国内市場での自動車販売はどうなっているのか,図表 4-9 に登録台数を示す。

図表 4-9 に示されているように,英国の自動車市場は 263 万台規模であるが,国産車は 41 万台 15%のシェアで,輸入車が 85%のシェアを占めている市場である。

2. 英国における日系自動車関連企業の挑戦

1980 年代以降,英国政府は,同国自動車産業を復活させるべく外国資本の参入を働きかけ,グローバル展開を積極化させてきた日本の自動車メーカーの直接投資を取り付けた。最初に進出を決定したのは日産で,1984 年に現地法人が設立され,1986 年より操業を開始した。日産は,1952 年当時英

図表 4-8 英国メーカー別自動車(乗用車)生産台数とシェア

	2014 年	シェア(%)	2015 年	シェア(%)
Nissan	500,238	32.7	476,589	29.8
Jaguar Land Rover	452,507	29.6	495,920	31.2
Mini	178,993	11.7	201,207	12.5
Toyota	172,215	11.3	190,161	11.9
Honda	121,799	8	119,414	7.4
Vauxhall Motors	77,836	5.1	92,257	5.8
その他	25,259	1.6	22,966	1.4
Total	1,528,847	100	1,598,514	100

出所) The Society of Motor Manufacturers and Traders (SMMT) データ (自動車情報ポータル MARKSLINES)
《https://www.marklines.com/ja/vehicle production/month?nationCode=GBR&fromYcar=2014 および 2015》

図表4-9　メーカー別乗用車　英国内登録台数：2015年暦年

ブランド	2015年		2014年		前年同期比（％）
	1-12月計	シェア（％）	1-12月計	シェア（％）	
Ford	335,267	12.7	326,643	13.2	2.6
Vauxhall	269,766	10.2	269,177	10.9	0.2
VW	223,784	8.5	214,828	8.7	4.2
BMW	167,391	6.4	148,878	6.0	12.4
Audi	166,709	6.3	158,987	6.4	4.9
Nissan	153,937	5.8	138,338	5.6	11.3
Mercedes-Benz	145,254	5.5	124,419	5.0	16.7
Peugeot	104,249	4.0	103,566	4.2	0.7
Toyota	98,709	3.7	94,012	3.8	5.0
Other	968,437	36.8	897,587	36.2	7.9
Total	2,633,503	100	2,476,435	100	6.3

出所）『日経ビジネス』《http://special.nikkeibp.co.jp/as/201501/innovation_is_great/great4.html》．

国のオースチンと技術提携をして，量産体制を確立した経緯がある。2012年には年間生産台数50万台を記録し，その生産性の高さは，英国のみならずヨーロッパでもトップクラスにある。日産英国は，設立以来10数年にわたり国内最大の自動車工場であり，英国から輸出される自動車の最大の生産拠点になっている。

　次に1985年にホンダが設立され，1992年10月より操業が開始された。ホンダは，Swindonに年間25万台の生産能力を持つ工場を擁し，2015年3月には2億ポンド（350億円）の追加投資を行った。「品質強化，効率を最大化するためのグローバル生産体制強化」が図られ，新型シビックのグローバル生産拠点として，欧州市場のみならず日本を含む世界の主要市場に輸出されることになった。

　3番目に進出したトヨタは，1989年12月に会社を設立，1992年12月に

Burnaston 工場で操業を開始した。2010 年から，欧州初の現地生産ハイブリッド車「オーリス・ハイブリッド」の生産を行っている。1998 年には，カリーナ（日本名コロナ）の後継車として，アベンシスの生産・販売が開始された。

3．英国日系製造企業訪問調査

今回は，代表的な日系製造企業として，英国トヨタ（TMUK）と英国デンソー（DMUK）の訪問が実現したので，調査結果を以下に示す。

（1） トヨタ・モーター・UK 社

TOYOTA MOTOR（UK）LTD.

面談者：同社役員および Manufacturing Planning Division 責任者

訪問日：2015 年 12 月 2 日

① TMUK の設立

トヨタ TMMUK は，1989 年 12 月に設立され，二つの工場への総投資額は 22 億ポンドに及び，現在 3,353 人の社員がいる。バーナストン工場の組み立て生産能力は年 28.5 万台，ディーサイド工場はエンジン生産（年 21 万台）を行っている。

最初に生産されたのはカリーナ E で，1992 年に量産化された（TOYOTAUK　HP より　2016.4.10 現在）。1997 年にカリーナ E の代わりに Avensis が生産され，2001 年に新世代のカローラの生産が始まった。2007 年には Auris がカローラの代わりに生産され，2010 年には欧州で初めてハイブリッド型の大量生産車種として，Auris ハイブリッドの生産がスタートした[2]。

② トヨタ UK におけるクオリティ・マネジメント

TMUK 役員の説明では,「トヨタ車は,どこで生産しようとトヨタ Quality を保証しなければならず,ここ英国 TMUK でもトヨタ創立の精神を尊重し,お客様第一の精神,Integrity の重要性を認識している。単にオートメーション化をすればよいというのではなく,ニンベンのついた自働化が必要である。また TMUK では,TOYOTA Production System と共に,Six Sigma の考えも取り入れて Quality Management を徹底させている」とのことであった。トヨタ生産方式とシックスシグマの優れた点を学習し,生産に反映させている点で,世界最強のモノづくりを追求する姿勢が確認された。

また,トヨタにおける欧州の重要生産拠点と位置付けられる TMUK においても,QC サークルが活発に行われていた。会社の「方針」に基づいて,グループ方針,チーム方針にブレークダウンされた方針管理が徹底され,チームリーダー(TL)がリーダーとなって課題を選び,「改善プロジェクト」を推進している。こうした活動は,改善によるメンバーの問題解決能力向上と業績向上を図ることを目的としている。

③ 雇用の安定と人材の育成

英国では,業績悪化に伴うレイオフは珍しくないが,トヨタ UK では,1992 年の操業以来合理化のためのレイオフは一度もないとのことである。トヨタでは,「雇用の安定を重視し,レイオフを極力避ける」という政策を可能にするために,念入りな採用選択を行って質の高いトヨタ・システムに適合する人材を雇い,徹底した導入教育をしている。

勤勉に働くことで継続的な雇用が約束され,個人と組織の目標達成に向けてのベクトルを一致させることで生まれる強みが,日本型経営を支えていると言われる。それは明治以降,近代的産業発展を主導した企業家や経営者が,「忠誠心を呼び起こすには,相手に対して善意を施すことが効果的であり,責任感を喚起するには相手を信頼することが効果的だ」とする儒教的性善説の影響を受けおり,この流れが,トヨタの経営にも反映されていると考

えられる[3]。

　個人主義的傾向の強い英国では，家族主義的経営はきわめて少ないが，トヨタは，ダービーという田園地帯で，共同体志向と組織へのロイヤリティの高い人材を採用し，育成している点が注目される[4]。

④　TMUK の基本方針

　TMUK では，以下のような会社の基本方針（Principles）を HP 上にも掲げている。

　▶ Philosophy（考え方・哲学）

　　トヨタの哲学とは，お客様が必要とするものを必要とするところに提供するよう，グローバルな観点から生産を現地化することにある。TMUK の役割は，その考え方を支え，欧州市場向けの車を製造することにある。TMUK では，UK で生産される車についても，トヨタのワールドワイドなクオリティへの評価を維持するために，有名なトヨタ生産方式（TPS）を採用している。標準化，ジャストインタイム，そして改善という基本方針をベースとして，お客様の要請にいつでもどこでも常に応えられるように生産システムを対応させている。

　▶社員・人材について

　　TMUK は，組織の全レベルを通して相互信頼と尊重の方針を徹底している。すべての社員（メンバー）が，その可能性を伸ばせる組織を達成することを目指している。チームワークは，TMUK の会社運営哲学の根本的要素であり，モチベーションをもった人々が力を合わせ，安全な環境で作業することで，個々の努力の総和以上のものを成し遂げることができる，という信念をベースとしている。

　▶トヨタ生産方式の導入と継続的改善の実施

　　TMUK の工場を見学した際に，方針管理が，全工場方針―部の方針―チーム方針と breakdown されており，見える化が至るところで工夫されている状況が確認できた。生産ラインでは，組み立ての標準や改善事例の

表示があり，説明担当者が「ラインストップ」の紐を引くと，チームリーダーが即座に飛んできて異常の確認を行った。また，顧客からのクレームについて，5回のなぜを繰り返して，徹底的に原因を究明する真因究明についても，以前は20日かかっていたものが，現在6日に短縮されているという改善事例が示されたことは驚きであった。この生産ラインで組み立てられた高級車アバンティスが，日本にも輸出されているという事実が，TMUKの品質のレベルを示している。

(2) デンソー・マニュファクチュアリング・UK社
DENSO MANUFACTURING UK LTD.
面談者：役員
訪問日：2015年12月3日

1. 社　名　　デンソー・マニュファクチュアリング・UK社
　　　　　　 DENSO MANUFACTURING UK LTD.
2. 所在地　　英国　テルフォード
3. 社　長　　マーク・ヘイワード　　Mark Hayward
4. 設立年月　1990年8月
5. 資本金　　9,673万1,000ポンド（約139億円）
6. 出資比率　デンソー・インターナショナル・UK社100％
7. 売上高　　約1億5,010万ポンド（約216億円，2011年度実績）
8. 従業員数　691人（2012年時）
9. 業務内容　カーエアコン，ヒーター，ラジエーターの製造
　（参考資料）　デンソーHP（2013年時の数値)[5]⇒社員数は現在1,100人（訪問時確認）

　デンソーは，売上高4兆1000億と，ドイツのボッシュに次ぐ世界トップレベルの自動車部品メーカーである。欧州では1973年に初めて生産拠点を

設立し，英国では，1990年にテルフォードに英国デンソーを設立して，1992年から生産を開始した。テルフォードは，トヨタ・ホンダ等日系企業のみならず，ローバー・ジャガー・ランドローバー等の自動車メーカーにも近い場所にあり，生産品目は，HVAC（Heating, Ventilation and Air Conditioning），ラジエター，エンジン・クーリング・モジュールの製造，他にプラスチック成型，アルミプレス，熱交換器，パイプやホース等多岐にわたっている。英国デンソーは，品質・納期・コスト・プロジェクトマネジメント分野で，顧客から多くの賞を受賞しており，建物の受付フロアに展示された表彰状やプレートがその実績を示していた。

　生産システムについては，1992年の操業時前後には日本本社から支援を，その後20年の期間を経て，現地化適応調整をして定着させているようで，現在社員1,100人中日本人駐在員は，8名とのことであった。クオリティとインテグリティの関係について，面談した役員に質問したところ，「Built-in Quality with OWNERSHIP」つまり，「現場の主になって品質を造り込む」精神こそが大事である，との返答であった。日本式経営と欧米式マネジメントの双方を知り尽くした，経験豊かな役員による重みのある言葉であった。

4．企業訪問調査による発見事実

　今回訪問した企業は，いずれも日本の代表的なグローバル企業であり，日本の出資会社を中心とする本社主導で展開されている企業である。これは，バートレット＆ゴシャール（1990）が唱えた，いわゆる「日本企業的グローバル型」のグローバル経営組織に分類される[6]。研究対象地域である欧州は，過去長い間先進工業国として，経営・生産システムを築き上げてきた企業の多い市場であり，日本型経営・生産システムの移転と現地運用がどのようになされているのかを調査するのが，今回の研究目的の一つであった。

　英国は，産業革命の流れを持つ「世界の工場」と言われた歴史を持つ国であり，モチベーションを重視する日本的経営の「人的資源管理」システム

を，比較的スムースに適用できる立地と言えよう。日本型チームワークは，高い生産性と従業員の高度な技能形成，合理的な生産管理を特徴とするが，在英国日系企業の工場では，現場作業者の技能向上を促進する OJT の実施やセル生産方式の採用，現地企業との長期的取引関係の形成による JIT の実施等が認められ，時間と地道な努力を重ねて，より良いシステムへの移行が進んで行ったものとみられる[7]。

5．英国の欧州連合（EU）離脱方針決定について

英国の欧州連合（EU）離脱の是非を問う国民投票が，2016 年 6 月 25 日に実施され，離脱が決定された。離脱に向けての手続きに 2 年かかるが，英国に投資をしてビジネス展開を図ってきた日本企業を含む外資企業は，戦略の見直しが避けられない状況にある。国民投票前に，離脱への懸念を表明していた日産や日立製作所の社長の声を紹介したい。

① 日産自動車は，英サンダーランド工場で，高級ブランド「インフィニティ」の小型車の生産を始め，欧州のほか，米国・中国にも輸出販売するための生産体制を整えていた。高級車生産には高い品質が求められるため，高級車組み立ての専門スタッフを育成しており，300 人の新規雇用を創出しているとの報道があった[8]。そうした中で，カルロス・ゴーン日産社長は，「英国が EU に残ることが，雇用，貿易やコストの観点からふさわしい」との声明を発表して，離脱した場合は，投資を控える可能性を示唆していた。日系自動車メーカーは，英国内で自動車を生産して大半を EU 向けに輸出しているが，貿易協定がなくなった場合，乗用車で約 10％，部品も含めた乗用車関連産業で 6％前後の関税が課せられることになる[9]。

② 日立製作所は，2015 年 9 月に海外では初めての鉄道工場を，英国ダーラム州に約 150 億円を投じて開設し，2016 年から操業を始めることを発表していた。鉄道発祥の地・英国で，日本流のモノづくりと IT 技

術を駆使して海外に活路を見いだそうとする戦略で，現地の製造・保守要員を 2018 年までに約 1,400 人増やし，1,700 人体制に拡充する計画も打ち出していた。日立製作所は，総事業費 1 兆円の英国都市間高速鉄道計画（IEP）で，車両 866 両と約 27 年に及ぶ保守サービスをも受注した[10]。これを機に，英国工場の建設に踏み切り，海外市場の本格開拓に乗り出した矢先のことであった。英国経済の安定性などに加え，「英国が EU の一員であり，そこから欧州にビジネスを広げられるという狙いから拠点を構えた」が，離脱による影響を懸念している[11]。

英国に進出している日本企業にとって，今回の EU 離脱の決定は，英国と EU 間の無関税が維持されるのか，労働力確保につながる移民制度がどうなるのか，といった将来の懸念材料になっている。英国で EU の法律が無効になれば，英国に欧州本部を置く日系企業は，その機能を欧州大陸に移す等戦略の変更を強いられることになる。

英国産業の盛衰を見てもわかるように，英国一国だけでは経営的に立ち行かない市場の制約がある中で，孤立主義や 2 党制による政策の流動性がマイナスに働く懸念がある。英国政府は，こうした EU 離脱決定後の産業への影響を真摯に捉え，対策を講じる必要に迫られている。

（注）
1) ERP=Enterprise Resources Planning（企業経営の基本となる資源要素〈ヒト・モノ・カネ・情報〉を適切に分配し，有効活用する計画＝考え方）を採用しているという回答が，1 社からあった。
2) 筆者もレンタカー会社から借り入れ，3 日ほど運転したが，乗り心地，走行性，燃費ともに良好であった。
3) これは，マグレガーの Y 理論の「仕事は条件次第で自己実現と自我の満足の源泉にもなり得るし，また苦痛にもなり得る」「個人が組織成功のために努力することによって，自らの目標を最も良く達成できる程度にまで両者を一致させることが重要である」とする概念にも合致していて，興味深い（渡辺，2015）。
4) リーン生産方式の考え方は，従業員相互間そして従業員と経営者の間の信頼関係を前提としている。英国トヨタの場合も，ダービーという，英国の中でも比較的雇用情勢が厳しい地域で採用された従業員の会社への依存度は高く，この前提に合致しているといえよう（渡辺，2015, p.182）。

5) 《http://www.denso.co.jp/ja/news/newsreleases/2013/130207-01.html》。
6) バートレット＆ゴシャール（1990）。
7) 公文・安保編著（2005）は，独自の調査結果から，英国の日系製造企業では「良品質の製品を効率よく生産する日本のシステムが適用」され，一方で，「ローカルコンテントや経営者の地位では現地化」が進み，「方式適用・結果適応型」の理想的パターンであった，と評価している。英国における日系自動車関連製造企業は，日本的生産システムのコア部分に対しては，強い適用志向を持っているという見方については，我々の現地調査においても確認された事実であり，支持するものである。
8) 『日刊工業新聞』「ニュースイッチ」2015 年 12 月 5 日
   《http://newswitch.jp/p/2858》。
9) 『日刊工業新聞』「ニュースイッチ」2016 年 10 月 11 日
   《http://headlines.yahoo.co.jp/hl?a=20160621-00010000-newswitch-bus_all》。
10) 英国の列車運行事情は利用者に不評で，筆者もロンドンとケンブリッジの往復の際に，車両故障による遅延やキャンセルなど，苦い経験を有しているだけに，日本の質の高い車両と信頼性の高い保守サービスによる運営の改善に期待するところ大である。
11) 『日刊工業新聞』「ニュースイッチ」2015 年 9 月 5 日
    《http://newswitch.jp/p/1943》。

第5章

ジャパン・クオリティとインテグリティ

　前章では，グローバル経営を志向してきた日本の製造企業が，その競争優位の源泉である日本的経営と生産システムを，どのように海外拠点に移転してきたかについて，クオリティ・マネジメントの実践とその成果に関する調査結果から得られた知見と共に述べた。本章では，これまでの我々研究グループの調査結果を踏まえ，ジャパン・クオリティの優位性，海外市場で評価される日本的経営の品質力とはどういうものか，そしてジャパン・クオリティを支えるインテグリティとは何か，について考察する。

第1節　ジャパン・クオリティの優位性

1. ジャパン・クオリティの海外移転

（1）クオリティ・リーディング・カントリー
　世界市場における日本的経営や日本製品の競争優位性は，1980年代に「Japan as No.1」と高く評価されたものの，バブルがはじけた後のいわゆる

「失われた20年」の日本経済低迷期の中で,「日本はどうした」と言われるほど, その評価は落ち込んだ。しかし, 2010年前後から, 日本のものづくりの強さがグローバル市場で再評価されるようになってきた[1]。日本産業の品質力は, 今でも世界トップレベルであり, 長田編著 (2010) が述べているように,「総合力において日本は依然として, 世界のクオリティ・リーディング・カントリー」である。そして, このクオリティ・リーディング・カントリー日本を支えてきたのが, 品質経営を継続的に実践してきたクオリティ・リーディング・カンパニーである。

前章で述べてきたように, 日本的品質経営を実践する企業は, 海外生産拠点にもその優位性を移転することに力を入れてきた。日本の企業が, 今後もクオリティにおいて競争優位性を持ち続けるためには, 海外生産拠点においても, 本社と同様な高品質・高効率・多品種生産を実現することが必要である。ものづくりの本質は, 品質をいかに造り込むかである。品質改善によってコスト競争力を向上させ, 利益創出につなげることが, 品質マネジメント強化の狙いであり, その結果として, 顧客満足度と品質信頼性の向上, そして売上と利益の向上が図れるのである[2]。

日本的生産システムを海外生産拠点に移転する際に, マネジメントが忘れてならないのが, 質の高い社員を根気よく教育し育成していく経営努力と, 社員の主体性を尊重し, マネジメントとの安定的労務関係を築くことである。熟練した「匠の技」を持つ日本人出向者を介して, クオリティ・マネジメントが現地社員にうまく移転され, 移植された苗が根付くように育てていく継続的な経営努力が必要である[3]。

(2) 調査企業における品質経営の実際

第4章で述べたように, 筆者ら研究グループは, グローバル経営を志向してきた日本の製造企業が, その競争優位の源泉である日本的経営と生産システム, 中でも経営の質を高めるクオリティ・マネジメントをどのように海外拠点に移転してきたかについての調査研究を行ってきた。そのクオリティ・

ネジメントに真摯に取組む現場の声を，これまでの調査報告の中からいくつか紹介したい．

- ▶「品質第一を向上・安定させることにより，お客様からの信頼をいただく．ひいては材料費低減・生産性向上・利益向上・産業廃棄物削減につなげる．わが社製品品質は，世界 No.1 を目指す（在中国日系製造企業 2002 年調査時）．」
- ▶「ものづくりにおいて，安全と品質，環境の保証は企業存続の絶対条件と捉え，その中でコスト競争力を高めていくことが不可欠．その改善活動を進めて行くことが，企業体質を改善し成長存続できる唯一の手段として取り組んでいる（在米国日系製造企業 2007 年調査時）．」
- ▶「品質は顧客のニーズの必須条件であり，会社の発展・存続を保ち続けるには，第一の要件と考える．品質を方針・施策の中核に位置付け，品質経営を推進し活動を展開した結果，人的ミスや不良廃棄によるロス・ムダの削減，活動段階での人材教育によるスキル向上にも効果が表れてきている．」

こうした生産現場の生の声から，ジャパン・クオリティという日本の品質力の重要性や，その競争優位性を海外の土壌にも移植し，存続拡大を図ってきている経緯を汲み取ることができる．

2．日本の品質力＝ジャパン・クオリティ

では，海外市場で評価される日本的経営の品質力とは，具体的にどういう項目で評価されるのであろうか．長田編著（2010）は，日本科学技術連盟と日本経済新聞社と協力して，「グローバル経営において，日本のものづくり企業の品質経営（クオリティ・マネジメント）はどうあるべきか」の調査を行った[4]．「企業の"品質力"の測定」，「優れた品質経営を実施している企業のベストプラクティス」を抽出し，品質経営の"ありたい姿"を示す調査

を実施したものである。同書では，企業の品質経営度の自己診断に活用し，品質経営の推進に役立てるため，品質経営度を以下の六つの因子で調査している[5]。

1. 経営者の品質経営へのコミットメント（リーダーシップ）
2. 品質教育と人材育成（人的資源）
3. 標準化と管理システム（プロセス・マネジメント）
4. 現場管理と改善（品質情報）
5. 顧客対応と品質保証（顧客満足）
6. 新製品開発

同書に示されたリサーチデザインでは，回答企業自らが自社の品質経営の実状を分析し，自己評価ができ，フィードバックされた結果を他社比較することで，自社の強みや弱み，課題を発見できるような工夫がされている[6]。本書の第2章で紹介したMBAモデルには，新製品開発の項目が含まれていないが，上記項目のカッコ書きで示した五つの因子の他に，戦略計画，TQM成果，サプライヤーとの関係が問われるように設計されている。

3. 日本的品質経営のベストプラクティス

では，実際にどういう企業が品質経営を行っているのであろうか，そのベストプラクティスを以下に紹介する。

(1) トヨタの品質経営

トヨタ自動車（株）では，1961年にTQCを導入して「品質は工程で造り込む」という言葉が生まれ，仕事の質を向上させる取り組みが功を奏して，1965年にはデミング賞を受賞した[7]。トヨタ自動車TQM推進部の説明によると，トヨタにおける品質経営はおよそ以下の通りである[8]。

① 品質経営の基盤

トヨタでは，40年以上にわたり〈方針管理〉，〈日常管理〉，〈風土づくり〉を品質経営の基盤として改善を重ね，1995年にはTQCからTQMと改め，お客様第一主義に徹して絶え間ない改善活動を継続推進している。また，トヨタグループTQM連絡会を通して，海外を含めたオールトヨタへの普及と定着を図っており，仕入れ先を含むオールトヨタで活動事例の共有が図られている[9]。

② 品質教育と人材育成

働く人たちが持つべき価値観を明文化するとともに，その実践のための方法論として，トヨタ流の仕事の仕方を示す「トヨタの問題解決」と「トヨタウェイ」を，階層別研修等に織り込み，新入社員から中途入社の社員や海外の社員などへ幅広く展開している[10]。マネージャー向けとしては，質の高いマネジメントを実践するためのツールとして，2001年にMASTを開発して展開している。「マネジメントするとはどういうことか」を見える化し，自職場の強み・改善点を体系的に把握して自律的な改善に結びつけ，効果的に職場マネジメントの「PDCAを回す」仕組みとして，グローバルに通用するマネジメントのベース能力向上にも役立てている。

③ 人と組織の活力向上

全員参加活動であるQCサークルは，社内では，製造部門を中心に5,000サークルが活動，海外事業体でも7,300サークル，5,4000人が参加するまでに展開が進んでいる。創意工夫提案制度は，1951年に導入され，チームワークを育み，自分のアイデアを仕事に活かして改善に取り組むことが，仕事や職場への誇り，愛着へと結び付き，個人の成長と職場の活性化が図られている。

④ 現場管理と改善

大きな課題には職場を上げて取り組むかたわら，一人ひとりの抱える問題，困りごとをチームで話し合い，改善を進めることが両輪となって，品質の維持・向上が可能となる。また，職位ごとの管理項目とその

実施結果を見える化し，要員配置や変化点管理，改善活動に活用する仕組みを，グローバルに展開できるよう整備し直し，研修プログラムを導入，人材育成を推進している。

⑤　顧客対応と品質保証

お客様の情報から問題を早期に発見，早期に解決を推進する EDER（Early Detection and Early Resolution）活動では，全世界で組織強化を進めている。現在，全世界 10 拠点まで拡大した EDER 組織の現地スタッフによる自立化を進めながら，市場問題の発見・解決両面でのスピード倍速化によるお客様迷惑の画期的な低減に取り組んでいる[11]。

このような取り組みを行ってきたトヨタグループであるが，同社における品質経営の考え方を，海外拠点においてもわかりやすく普及させている例を以下に示す。

「品質重視の考え方──全員が協力して品質の良い製品を作ることで得意先から信用を得，その評判を聞いた他社からも注文が来るようになり，売り上げが向上する。売り上げが向上すれば業績が上がり，従業員の雇用の安定が果たせるというグッドサイクルができる」という品質重視の考え方である（伊藤，2004, pp.72-75）。

こうした事例からも，クオリティ・マネジメントが，品質・コスト・納期などの改善のみならず，人材育成・職場の活性化・企業経営の質向上にも貢献する重要な経営の基本戦略であることが理解できる。トヨタでは，創業者やその志を受け継いできた人々の思いが詰まった，「トヨタウェイ」や「トヨタの問題解決」の考えが組織内で徹底され，全社員がその価値観を共有している。創業者たちの信念や価値観が，principles（原理原則）に反映されて，それが世界のトヨタ社員の心に刻み込まれ，グローバル品質経営が展開されているのである[12]。

（2） 富士フイルムの品質経営

　富士フイルムは，品質方針に基づいて品質経営を推進しており，高品質・高信頼性を要求される商品を大量に顧客に提供する生産力，技術力，品質力は，その品質管理システムを土台としている。社員一人ひとりの意識を変革し，いかなる環境変化にも柔軟に対応できる個人の強化が最重要課題であり，研修とOJTで業務能力の向上が図られている[13]。

（3） エプソンの品質経営

　また，エプソンでは，オペレーションの品質，経営の品質，さらには組織構成員一人ひとりの心の質の向上までをカバーする，総合的なクオリティの達成を図る品質経営を目指している[14]。

4．ジャパン・クオリティの源流

　海外市場で評価される日本的経営の品質力とはどういうものか，について述べてきたが，ではそもそもジャパン・クオリティとは何か，という概念について述べる。

（1） 日本における求道精神

　日本には，刀剣作り等の伝統工芸やものづくり職人文化，菊や盆栽などの趣味の園芸においても，質を高め道を究めることが尊重される文化的素地があった[15]。日本文化を特色づけている大きなものに「求道精神」があり，武士道，茶道，華道，柔道，剣道だけではなく，商人は「商人道」を追求してきた。日本におけるものづくり（製造業のクオリティ・マネジメント）の歴史は長く，日本の刀剣製造技術やからくり人形に見られるような，質の高い伝統的「匠」の文化を背景に持っている。そして，日本の明治期以降の富国強兵策や戦後の高度経済成長策は，日本のものづくり重視文化を一層強化してきたと言えよう[16]。

このように，仕事に誇りを持ち，その道を究めようと努力する人々を尊敬する社会が，ジャパン・クオリティを磨いてきたのである。

粕谷（2012）は，後発工業国である日本が，明治時代に欧米から移植された技術を学び産業化を進めていった経緯を研究し，江戸時代からある日本の伝統産業が，欧米の技術を導入してどのように変化していったか，についての考察を行っている[17]。日本のものづくりについて，経営史の視点で時系列的に分析しており，本書のテーマのジャパン・クオリティとインテグリティに関連する知見もあることから，以下に概要をまとめて示す。

① 「江戸時代の農民もそれぞれの地域での制約条件の下で生産効率を上げ，良質な作物を継続的に拡大させるための創意工夫を重ねてきた。」米本位制度が長い日本の国で，士農工商の身分制度の中にあってそれぞれが，生産性向上に真剣に取り組んできたことが理解できる。

② 「商人も信用を重んじ，商いの創意工夫を重ねて，それを家訓として継承してきたこと」，「教育制度も整えられ，藩校，郷学，私塾，寺子屋など，さまざまな教育機関が存在し，識学率が8割であった」ということも，我が国のマネジメントやマーケティングの管理レベルが，世界のトップレベルであったことを示す[18]。

③ 「江戸市場で好まれる清酒や醤油を目指して改良が加えられた」，とする商品開発における創意工夫の事例は，マーケティングをベースとした商品開発戦略がしっかり行われていたことの証左である。中でも，綿織物や絹生産技術の創意工夫と商品の流通については，川上から川下まで裾野の広い産業を形成していった経緯と共に大いに参考になる[19]。

④ 特に注目したいのは，日本酒造りにおけるクオリティ・マネジメントとそれを支えるインテグリティである。第1は，1770年頃灘の醸造家が，それまでの足踏み精米から水車を使った精米にプロセスを変えることで，労働生産性を高め，精白度を上昇させることによって製品の品質を向上させたという事実。

第2は，それまで夏を除く三季醸造を行っていたものを，醪（もろみ）の品質

が損なわれない冬期に仕込む寒造りに集中したことで、酒の品質を向上させたことである。しかも、このもと仕込み期間は、1790年代には30日程度であったものが、20〜30年後には20日程に短縮され、大規模な醸造設備が整えられたという点は、クオリティ・マネジメントがしっかり実践されていたことを示す。

　第3は、江戸の消費者のニーズに合った淡麗・辛口の酒を大量に生産するため、麹と米と水の配合、麹・酵母の改良、好適な酒造米と宮水の選択─という技術革新に挑んだという事実である。これは、市場戦略、商品戦略を踏まえたオペレーションズ・マネジメントの事例として賞賛されるべきものである。同様に、醤油醸造においても、醸造家が市場ニーズに合わせた原料の選択、大豆と小麦と塩水の配合を調整して、品質管理を行っていたという事実も、ジャパン・クオリティ・マネジメントの一例と言えよう[20]。

⑤　明治期の日本は、欧米諸国の制度の導入、殖産興業の政策のもとに、多くの設備機械、システムを海外から導入した。政府は、多くの官営事業を運営し、多数の外国人技術者を招聘し、同時に教育にも多大な投資を行って、日本の技術吸収能力を引き上げた。鉄道、造船、繊維、鉱山など専門の技術者を必要とする産業が多く、大学、専門学校、実業学校が急速に拡充されていった。これらは、日本の産業が近代化にいかに多くの資金と労力を注ぎ込んだかを物語っており、ジャパン・クオリティとインテグリティの基礎がこの時期に構築されたと考えられる。

⑥　海外から移植された産業だけではなく、日本の染織・窯業・醸造などの伝統産業においても、高等工業学校にその学科が置かれ、多くの技術者が育成された。伝統産業である醸造における、微生物学の科学的分析の導入が、清酒や醤油の品質改良に成果をもたらした、という事実も、当時の政策の成果と言えよう[21]。

(2) ジャパン・クオリティへの評価

　日本人は，バブル崩壊後の20年程の間に，自国に対する信頼性や自分に対する自信をも失ってきたように思える。しかし「クール・ジャパン」という言葉が示すように，日本文化に対する評価が高まってきていることもあり，海外に出てみると，日本に対する好感，信頼感というものを表してくれる人々が，実に多いことに感動する。

　イギリスの公共放送局BBCが，毎年発表している国際的な世論調査「世界に良い影響を与えている国」ランキングで，日本は2012年に1位に評価されていた。この調査は，BBCが17カ国・地域を評価対象として，世界24カ国の約24,500人に，当該国が世界に与える影響が良いか悪いかを聞く，国家のイメージ調査の結果である。

　また，英ガーディアン紙「好きな海外の都市」においても，2011年，2012年，2013年連続で東京が1位。ヨーロッパ以外で好きな国として，2011年に日本が第1位と評価されている。日本に好感を抱く国は，インドネシア，ブラジル，アメリカ，イギリスで高く，日本人はもっと自国に自信を持ってよい[22]。

　こうした日本の良さを支えるものは，何か？　この問いに対して，三菱総合研究所編著（2014）は，「日本の地理的・歴史的条件や伝統，勤勉で正確・信頼性があり，創意工夫をする，親切で綺麗好き，秩序があり礼儀正しい，共同体倫理を尊重する」国民性を挙げている。そしてそれが，「自動車産業や鉄道，食，省エネ技術といったビジネスや制度に反映されて発達し，海外から"素晴らしい"と言われる評価につながった」と分析している[23]。

　その代表例が日本の鉄道であり，JRの安心・安全・清潔度，そして定時運航率は，世界トップレベルである。JR東海による東海道新幹線の1列車あたりの年間平均遅延時分は，0.5分（2013年3月期）という報告がある。日本の鉄道が正確で信頼できる理由として，「時間と正確な行動を良しとする国民性」「明治維新以降に培われた目的達成意欲の高さ」が挙げられる[24]。筆者はそれに加え，利用者満足を高め，安全，快適性を高めようと

する技術と，サービス面での「究極点志向の改善意欲」を挙げる。

このように，日本のものづくりへの評価だけではなく，日本の非製造業のサービスや日本文化の質の高さへの評価は，ジャパン・クオリティとそれを支えるインテグリティが，世界に誇れるものであることを示す証左である。

(3) ジャパン・クオリティ・マネジメント

クオリティ・マネジメントという経営管理手法が，日本に本格的に導入されたのは，戦後のことであった[25]。石川（1981）は，1948年頃にQC活動を始めた動機を，「資源のないわが国は，多くの資源・食糧を輸入しなければならないから，輸出をどんどん行なわなければならない。その為には，戦前の安かろう悪かろうではダメで，安くても良いものを造らなければならない。そのために，品質管理（QC）・統計的品質管理（SQC）をしっかりやってゆく必要があった」と述べている（pp.3-8）。

日本のクオリティ・マネジメントの導入者であり，功労者であったデミングが，1950年の日科技連主催のセミナーで指導した内容は，品質のPDSA（設計・生産・販売・調査・再設計へと続くデミング・サイクル）を，いかにうまく回して品質を向上させるか等，統計的手法での管理が中心であった。そして，1960年代には全員参加型のQC活動が提唱され，1970年代から1980年代にかけて，日本発のクオリティ・マネジメントであるTQCが発展し，世界に発信されていった。日本の製造企業は，試行錯誤を繰り返しながら，その生産性・製品のクオリティ・性能の水準を改善し，競争優位性を高めてきたのである[26]。

日本製造業の国際競争力は，品質（単に物理的な意味での品質のみでなく，品揃え，デリバリー，アフターサービスなどを含めた市場に対する適応性）の良さ，工場の生産性の高さと低コストによって達成されてきた（吉川監修，1994, p.19）。

このように，ジャパン・クオリティ・マネジメントは，日本の伝統的生産技術と熟練のものづくり文化の蓄積をベースに，欧米から導入した生産技術

を継続的に改良・改善し，発展してきたのである[27]。

第2節　インテグリティ

1．インテグリティの概念

　前節で，「仕事に誇りを持ち，その道を究めようと努力する人々を尊敬する社会が，ジャパン・クオリティを磨いてきた」と述べたが，その道を究めようする求道者を支えているものは何であろうか。ドラッカー（2001）が述べる「インテグリティ（真摯さ）」という言葉が，その答えに最も近いニュアンスであると思われる。

　インテグリティ（integrity）は，『オックスフォード英語辞典』によると，"the quality of being honest and having the strong moral principles"「正直であること，そして強い倫理的原理原則を持っているという特質，資質」を表す言葉である。ドラッカー（2001）は，マネジャーの根本的な資質（クオリティ）として，このインテグリティ（真摯さ）を挙げ，「とっつきにくく気難しいが，一流の仕事を要求し，期待する。何が正しいかだけを考え，誰が正しいかを考えない人」をイメージしている。そして，こうした資質を欠く者は，いかに有能で知的な能力があったとしても，「マネジャーとしても，紳士としても失格である」と彼は断言している[28]。

　また，クラウド（2010）も，インテグリティを「正直。強い道徳性をもっていること」という『オックスフォード英語辞典』による定義を示し，インテグリティの語源として，インテグレート（INTEGRATE，統合する）や，インテグラル（INTEGRAL，統合された）等を挙げている[29]。彼はさらに，「インテグリティとは，現実が突きつける要求に応える能力である」という解釈

を示し,「自分から主体的に状況を把握し,やる気を高め,頭を整理し,全力で挑戦する人」をその例として挙げている[30]。

このように,インテグリティのある人とは,「とっつきにくく気難しいが,一流の仕事を要求し,期待する」「現実から目をそらさず,それが突きつける要求にうまく応えて良い成果を残す人」であり,「頑固一徹」「仕事一筋」という日本の伝統的なプロフェッショナルのイメージに合致する。それがつまり,「正直であり,強い倫理的原理原則を持って仕事をやり抜くプロ」の姿である。

2. インテグリティの重要性

では,なぜインテグリティを備えた人が組織の中で重要視されるのであろうか。

それは,インテグリティの定義で示した「誠実(honest)であり,その組織共同体の中で共有する強い規範(principle)を持つ」ことが,組織で協働する仲間として信頼を得る大前提であるからに他ならない。信頼とは文字通り,信じて頼ることであるが,渡辺(2015)は,「共同体の成員たちが共有する規範(principle)に基づいて規則を守り,誠実にそして協力的に振る舞う」ことが,「共同体内部に生じる期待である」と述べている。つまり,企業が経済活動を行う時には,顧客,従業員,取引先,株主といったステークホルダーとの長期的関係を築くことが最も重要な資産となるが,そのベースとなるのがこの信頼関係であり[31],それを支えるインテグリティを持つ人が,重要な役割を果たしているということである。

(1) ジャパン・クオリティを支えるインテグリティ

デミングは,「1950年は,クオリティに関して新しい日本が始まった年である。日本は5年以内に世界の市場に押し寄せる(invade)ようになろう」と語ったが,実にその4年後に日本製品は,世界のマーケットを席捲したと

される[32]。日本の品質改善が成功するだろうという確信の裏づけとなったのが、①日本人従業員の素質、②日本の経営者層の仕事に対する知識と学ぼうとする熱意、③日本経営者の責任を認識し、遂行しようとする信念、④日科技連による教育活動の拡がり—というデミングの観察であった（Deming, 1986, p.490）。この確信の裏付けとなった4つの項目すべてが、日本人の真摯さ（integrity）につながっている。デミング博士が戦後の日本で教えた内容は、「シューハート博士によって打ち立てられた管理図を中心とした統計的品質管理」であったが、日本訪問の前後にデミング博士はメキシコ、ギリシャ、インド等で講演していた。しかし、「品質革命を起こしたのは日本だけであり、日本の成功体験の背景には、日本の伝統的な企業文化が不可欠である」という指摘からもわかるように、この差は「日本人の真摯さに起因する」と考えるものである。こうしたジャパン・クオリティの飛躍的改善を支えたのが、日本の質の高い社員であり、インテグリティを備えた人々であったことを忘れてはならない。

（2） 強い倫理的原理原則

インテグリティのコアにある「強い倫理的原理原則」という概念は、「我々が尊重し、自己の利害を含む他のすべてよりも上位におくもので、我々の行動を導いてくれるもの」と理解される。各組織の理念や行動規範等も指すが、一般的社会概念からすると、日本で昔から使われてきた「大義」という言葉の方が近いかもしれない。社会や組織の目指す方向や価値に社員が共感し、チームメンバーと協働して、目的達成に向けて真摯に仕事に打ち込むには、それ相応の「仕事に対する意味欲求」を満たす大義名分が必要であり、行動の規範とすべき原理原則が明確な組織は強い。

さて、インテグリティの定義を構成する、「正直さ・誠実さ」については容易に理解できるが、もう一つの「強い倫理的原理原則を持つ」ことの重要性について、トヨタの事例を挙げて説明したい。定義に含まれている強い倫理的原理原則（strong moral principle）の例として最も理解しやすいのが、ト

ヨタ自動車の「トヨタウェイ」であろう。強力な創業者の哲学「豊田綱領」を尊重した「トヨタ基本理念」「トヨタウェイ」は，トヨタ自動車の精神的支柱であり，社員が共有している principle であり，世界のトヨタマンを結びつける神経システムともいえよう[33]。

今村（2008）が，ドラッカーの「優れた組織文化には高い行動規範がある」という言葉を引用し，「トヨタの成功はその優れた組織文化にあり，それを支える強い行動規範（principle）がある」と述べていることは，インテグリティの定義のコアとなる「原理原則（principle）」のことを意味する。

ライカー＆フランツ（2012b）によると，ヘンリー・フォード医療システム（HFHS）という臨床検査センターでは，トヨタ生産方式から学んだリーンシステムとデミング博士の経営原則を，医療の現場に導入することに成功したという。自主性を与えられた社員が，標準化された作業方法に従って仕事をし，科学的手法を使ってプロセス改善提案を行うような経営手法を実践したことで，顧客満足度の向上，市場シェアの拡大，利益向上につなげたという事例である[34]。

ベストプラクティスから学び，よいところを取り入れようと真摯に努力する組織は，洋の東西を問わず，必ずクオリティを向上させ得るのだ，というメッセージがここから伝わってくる。

（3）　インテグリティを備えた人

クラウド（2010）は，インテグリティを備えた人々に共通する資質は，次のようなものだと述べている（pp.44-46）。

① 信頼の絆を結ぶ能力

コミュニケーションを通じて相手をよく知り，心からの共感を持つことで信頼を築く能力で，他人に対して「親身になれる力」を持つ人が，人間関係でも仕事でも長期にわたり成功を収めている。これは，利他的行為が相手から感謝され，信頼感を持ってもらえるということであろう。

② 真実を求め，信頼を確立する能力

人間の感情や知性，人間性の状態は，他者と絆を結ぶことで変えられるという。「人は必要とされていると感じる時，普段以上の成果を上げる」ということは，モチベーション理論においても認められていることである。優れた人間性の第一の要件は，正直（honest）であり，真実を語ることで信頼を得ることができるのである。

③　現実と向き合う能力

現実を探究し，何が問題で，どうしたらそれを解決できるのかを考える——つまり，トヨタで言うところの「現地・現物」の考え方である。クラウド（2010）は，自分の強み，弱みを知っている人が最高の成果を上げると説き，「自己観察が出来る人は，通常自己修正も出来る，修正出来れば最高の成果が上がる」と述べている。そして彼が，インテグリティを備えた人間性の最重要の資質として挙げたのが，「障害にぶつかった時に，諦めず，何か方法があるはずだと信じ，見つけるまでやめないという能力」である。まさに，これがインテグリティのコアであり，彼は，「こうした粘り強く頑張り抜く能力は，自らの経験をもとに訓練によって培うことが出来る」と断言している。

④　失敗から学ぶ

人生の勝者になる人は，「自分のどんな行動が失敗や損失につながったかに目を向け，学習する」人であると言われる。つまり，失敗から学び，自己修正をして，同じ間違いを二度と繰り返さないことが，その後の成功につながる，ということである[35]。失敗の経験から養分を取り込む——経験から学ぶべきことを学習し，自分の人間性の新たな〈細胞〉として取り込むこと——これが知恵となる。粘り強く頑張って前進を続け，人生に立ち向かうことにより，強さや忍耐力，希望，楽観主義，その他物事を成功させるのに必要な人間性の資質を育む——これがインテグリティの重要性を言い尽くしている。さらに「インテグリティを備えた人は，失敗から素早く立ち直る能力を備えており，モチベーションや希望，判断力，思考力，原動力，主体性など，前進に必要な機能を回復できる」という点にも賛同するものである[36]。

⑤　常に向上する

「成長する人は，自分が出来る以上のことが要求される環境に身をおく」という言葉は，人の成長・上昇欲求や自己実現欲求につながるもので，インテグリティを備えた人は，向上心が強く，究極点志向であるという特徴を持つ。

そしてクラウド（2010）は，最後に「他人との信頼を高め，現実に即して活動をする。真実に目を向ける人は常に成果を上げる」と述べ，問題にしっかり向き合い対処することで，「より良い成果を上げ，現実をよく見るようになり，周りの人からの信頼も高まる」という「インテグリティの輪」が，拡大していくと結んでいる。インテグリティを高めることで人間性がさらに向上し，自分が変わることで，一回り大きな目標の達成が可能になる。その達成感が，さらなる成長と活力等多くの果実をもたらす，と括っている。これが，インテグリティの重要なる所以である（pp.274-276）。

3．ジャパン・クオリティとインテグリティの源流

今から150年も昔，わが国を初めて訪れた英国人Alcock（1863）が，「日本人の物づくりへの熱意・創意工夫は，日本が世界に誇るべき数少ないものである」と評価しているので以下に示す[37]。

「日本は，我々（英国人）を10世紀前の封建時代に逆戻りする思いをさせる。日本と英国の文明を比較する時，科学と戦力との関係他のすべての意味において，疑いもなく我々（英国人）がより強い民族であると言える」。この書は，1863年1月21日にロンドンで書かれたものであるが，その5年前の1858年に英国公使として日本に着任した彼は，長崎に開かれた日本の蒸気機関工場を訪ね，見聞したことを綴っている。この工場では，オランダ人の顧問と日本人が蒸気機関の複雑な構造をよく理解し，製造修理をしていたが，その実態を見学して驚いた経験を，次のように記載している。

「ここで我々は最も驚くべき，そして誇るべき（enterprise）日本人の進取の気性と創意工夫（ingenuity）の証拠を見た。それは，中国人が到底成し得ないことであった。日本人は，外国の蒸気船やエンジンそのものを実際に見てもいないのに，ボイラーパイプ付きの蒸気機関を，自分達の手で造っていたということである。このエンジンが組み立てられ，ボートを動かしたのである」という驚きである。産業革命を経験し，世界の様々な国の情報を得ていた当時の英国外交官をして，「日本人の能力や創意工夫という国民的優れた特徴」と言わしめたほど，日本人の進取の気性と創意工夫のレベルは，世界的尺度で見て賞賛に値するものであった，ということである。その後日本は，明治維新を迎え，同書が書かれた39年後には英国と同盟を結び，軍備や橋・建物・鉄道などの社会インフラ建設，工場の設備等を欧米から購入した。そして，移植された技術を学んで産業化を進め，やがてその100年後には，ジャパン・クオリティと評価される質の高い財を，世界に向けて供給するに至ったのである。

第3節　クオリティとインテグリティの関係

　トヨタにおける「品質は工程で造り込む」という考え方は，「自分の担当領域で悪いものをつくらない」，「よいものをつくるために，よいプロセスを経てよい結果を出す」ことを目指すものである。トヨタでは，一人ひとりが自らの仕事の善し悪しをその場で判断できるようにするため，仕事の進め方については，TQM手法を体系的に活用して浸透を図っている，とのことである。「決められたことを確実に実行する」ことが，インテグリティのコアであり，「全社的な方針の策定・点検の仕組みと推進部署を持ち，地道な活動を継続的に推進すること」が，強い職場をつくり上げる。これこそが，「クオリティとインテグリティ」の強い相関関係を示す事例である。

トヨタ生産方式は,「誰でも学べるが,形だけまねても現場には根づかない」と言われる。ラインの配置,マニュアルの徹底,制度の模倣,短期的な指導を受けただけでは,移植された根は張ることなくいずれ枯れてしまう。逆に,トヨタや日本企業とは何の関係もない外国企業が,クオリティの高い商品・サービスを提供して成果を上げているケースも多々ある[38]。日本人の匠の技は,信念に基づいてあるべき方針に則って,懸命に愚直に,黙々と受け継がれていく。それが真摯な態度〈Integrity〉であり,目指すべきクオリティを創り出すのである。

1. 調査結果からの知見

ヘンリー・フォード(アメリカの実業家,組立ライン式生産方法の開拓者)は,「品質とは,誰も見ていなくても,正しい方法で仕事をすることだ」と語ったといわれるが[39],これが,まさしくインテグリティ(真摯さ・正直さ)である。

今回の我々の英国での調査では,Quality と Integrity に関する自由コメントを求めたが,「Integrity とは,"Bad news first" である」という一文があった。これはトヨタでも大事にしていることで,渡辺前社長は,トヨタの良き社員の取るべき行動として,「悪いニュースから先に伝えて欲しい」と語っている。「ミスを正直に認める」というトヨタの文化には,Integrity(真摯さ)の定義で言うところの being honest という考えが中心にある。前章で述べたように,今回の英国を中心とした調査では,高い品質を継続的に生産するために不可欠な「Quality(質)と Integrity(真摯さ)について」,自由記入の欄を設けた。その結果,以下に代表されるような貴重なコメントが寄せられた。

「我々は,非常に強い moral principles(倫理的原則)を持っている。それは,互いを尊重したり,多様な文化を超えてそれぞれの同僚をサポートしたり,すべてのレベルで共有され,示される原則である。Quality は,すべて

の仕事において各自のコミットメントを要求し，取引ネットワークを横断する社内外のコミュニケーションを要求する。お互いを尊重する文化や我々のintegrityというのは，単にqualityの履行に関連しているだけではなく，我々の会社の強みとしてしっかり保証されているのである。」この姿勢こそ，経営の質を高めるマネジメントのバックボーンとなるものである。

2．クオリティとインテグリティ経営の代表事例

（1） トヨタ自動車

トヨタが成功した主な要因は，「その驚異的に高い品質が評価されたから」であり，「卓越した製造力を戦略的な武器にすることに成功した」ことによる（ライカー，2006）。そしてまた，リーダーやチームの育成，企業カルチャー醸成，戦略の立案，部品メーカーとの関係構築，学習する組織の維持といった能力が，トヨタを成功に導いたのである[40]。

そのトヨタの強みを，以下に分析する。

① トヨタの原理原則

トヨタにおける品質経営で重視されているのが，「創業以来の理念とその実践を通し，TQMの考え方を含めてトヨタ独自の経営上の信念や価値観がつくり上げられ，また経営管理や実務遂行上の手法が編み出され，競争力の源泉として伝承されてきた」強い倫理的原理原則である[41]。それが「知恵と改善」，「人間性尊重」を二本柱にして整理・集約された「トヨタウェイ2001」に反映されている。

トヨタの品質教育と人材育成に関する同社TQM推進部報告をみると，正にこのインテグリティを構成する強い倫理的原理原則（strong moral principles）を，企業風土の中で社員に浸透させるために様々な工夫がなされていることがわかる。同社では，トヨタウェイを理解し，経営目標達成のた

めの経営戦略と連動した形で運営するための「方針管理」や，目標を達成するための業務の進め方を標準として定めた「日常管理」を守るべき基本方針（原理原則）として，絶え間ない努力を行うことを要としている[42]。

② トヨタの組織能力

ライカー（2006）は，20年間トヨタの研究をして，「絶え間ない改善こそトヨタシステムに生命を吹き込む原動力である」こと，「人を改善に追い立てるのは向上心，つまり完全をめざす心からの情熱」であり，「執拗な反省と絶え間ない改善により学習する組織」という発見事実を述べている（pp.9-12）。また彼は，トヨタが海外工場を立ち上げる際には，日本のトヨタから日本人コーディネーターを送り込んで，トヨタウェイのカルチャーを植え付けている，という事実を挙げ，「トヨタウェイの哲学を保ちながら，いかにして日本中心のモデルからグローバルに分散したモデルに転換するか，が世界の製造業のリーダーとしてのトヨタの最大の課題」と指摘している。トヨタ・クオリティを頑固に守り，継続的に改善していくトヨタ・インテグリティを，次の世代や海外拠点にいかに移転させていくかが，トヨタにとっての重要課題である。

③ 人間尊重の経営

トヨタの経営を支えているのは，創業者の思いやトップだけではなく，一人ひとりの社員である。日野（2002）は，「トヨタの人づくりとは，人のやる気を高める（動機づけ）こと」であり，信頼感の醸成，作業者の満足度向上等を図るために，「トヨタは，人づくりにおいて心理学的アプローチを取っている」可能性を指摘している[43]。同書に紹介されている豊田英二が，1983年に「創造，挑戦，勇気」の中で書いた言葉が，トヨタにおける人間尊重の経営姿勢を表している。「ボタンを押せば直ちに膨大な量の各種技術，経営情報が出てくるまで社会が発展した。これは非常に便利かもしれないが，気をつけていないと考える能力を無くしてしまう危険がある。最後に問

題解決をするのは,人間であるということを忘れてはならない」という警鐘とも取れる言葉である。人を尊重するということは,その頭脳と能力と人間性を尊重するということであり,トヨタウェイでは,「従業員を尊重しながら,同時により高い目標にチャレンジさせる」動機づけのアプローチが採られている[44]。

　こうした人間尊重の経営を目指すトヨタ生産方式やリーン生産方式に対して,強い危機感を持って取り組んできたのが,ドイツを中心とした「インダストリー4.0」(第4次産業革命)の動きである[45]。これは,ドイツが産官学一体となって進めているIT技術等を用いて,工場システムがネットワークでつながる「スマート工場」の実現を目指すもので,「設計から生産にいたるまでの一貫生産工程を工程ごとに標準化して組み替えが出来るような生産ラインを設置し,柔軟で高度に統合された自律的な生産を実現する手法」と言われている。つまり,工場から人的資源の関与を極力減らし,ITを駆使したオペレーションに切り替えようとする考え方である[46]。ITを駆使したオペレーションには多くのメリットが期待され,日本の産業にとっても取り組むべき課題ではあるが,わが国にはわが国独自の「ニンベンのついたIOT」が必要となろう。

　日本では「モノづくりの前に人づくり」と言われ,人的資源が最大の強みとなり,現場で考え,改善を重ねて生産性を向上させてきた[47]。人的資源による創造性,「匠の技」と言われる究極点志向のインテグリティが失われるようなことがないように,経営者層から現場に至るまで,イノベーションに向けて日々改善を継続していくことこそ重要な課題であると考える。

(2)　「獺祭」旭酒造の挑戦

　山口県・岩国の旭酒造[48]は,不便な山奥にあり,一時は廃業を考えるまで追い込まれた小規模な酒蔵であったが,生き残りをかけて,200年以上の伝統を持つ普通酒「旭富士」を捨て,高品質の純米大吟醸酒造りに挑戦して活路を開いた会社である[49]。苦闘の末に造った純米大吟醸酒「獺祭(だっさ

い）」を，多くの人が集まる東京市場や海外市場で販売し，今や最高級品種の純米大吟醸酒の折り紙が付けられるまでになった。

　日本酒造りは，ビールやワインとは違って，工程が複雑で緻密さが求められ，特に大吟醸酒は，高い職人の技と品質管理技術が要求される世界である[50]。

　本章の第1節で紹介したように，日本の酒造りは，水車を使った精米にプロセスを変えることで労働生産性を高め，精白度を上昇させることによって製品の品質を向上させた。また，それまで夏を除く三季醸造を行っていたものを，冬期に仕込む寒造りに集中したことで酒の品質を向上させるなど，日本のクオリティ・マネジメントが，しっかり実践されてきた伝統的業界である。そして，「江戸の消費者のニーズに合った淡麗・辛口の酒を大量に生産するため，麹と米と水の配合，麹・酵母の改良，好適な酒造米と宮水の選択」という技術革新に挑んだことは，市場戦略と商品戦略を踏まえたオペレーションズ・マネジメントが行われてきたことを示すものである。

　旭酒造は，まさにその通りの商品戦略・市場戦略・価格戦略・プロモーション戦略を実践して成功してきた。桜井社長は，起死回生の一手として大吟醸に着目し，専門家の指導を仰いで，6年かけて純米大吟醸酒を造った。日本酒は，杜氏と呼ばれる技術者集団が酒造りを担ってきたが，杜氏が会社を去ったこともあり，杜氏に頼らない酒造りへの挑戦を行ったという[51]。温度を一定に保つ空調設備を整え，冬場だけだった仕込み作業を年間を通じて行えるようにして，絶え間なく酒造りに取り組むことで社内に経験を蓄積・共有し，品質の改良を推進したということである。

　図表5-1のように，日本酒の販売（消費）数量は，1975年当時167万5,000klをピークに，2010年には58万9,000klにまで減少，35年間でほぼ3分の1に激減した。かつて全国に3,000以上あった酒蔵も，約1,500に半減している。そんな業界にあって，旭酒造は，2010年776kl（13億円），11年1,011kl（16.5億円），12年1,447kl（25億円），13年は2,052kl（39億円），そして14年には売上を46億円まで伸ばしてきた[52]。

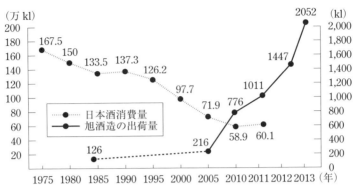

図表5-1　日本酒消費量と旭酒造の出荷量の推移

出所）日本酒消費量は国税庁統計年報書（4月-3月）旭酒造の出荷量は酒類食品統計月報（1月-12月）。
《http://www.nippon.com/ja/features/c00618/》の図表を転載。

　旭酒造のHPには，『旭酒造が要求する精度と品質を達成するために，毎日酒造りの現場で，良い酒を造ろうとするスタッフがいます。共通の目的と意志を持ったスタッフの心が「獺祭」を支えています。』という趣旨の書き込みがある。テレビCMも流さず，量販店やコンビニエンスストアにも卸さないが，獺祭の評判は口コミで広がってファンは急増し，10年間で，売上高は20倍近くに飛躍した，ということである。
　桜井社長の「少しでも良い米，良いスタッフ，良い環境を，酒造りに投入し，品質の向上にこだわろう。それが日本のものづくりの勝ちパターンだ」という言葉[53]は，同社の経営姿勢を語っているとともに，そのままジャパン・クオリティとインテグリティの重要性を語っている。

（注）
1) 長田編著（2010）。
2) 日本科学技術連盟では，品質経営のさらなる強化を図るための仕組みづくりとして，「クオリティ・ガバナンスの強化及びCQO（Chief Quality Officer）の設置」を提唱している。21世紀の経営では，このCQOが主導的にPDLSIサイクル〈Planを立て，実行（Do）し，人材教育（Learning）を徹底し，そこから新たな戦略（Strategy）を立案し，Innovationを実現させようというもの〉を回していくことが期待されている（長田編著，2010, p.22）。

3) 日本の生産現場では，OJTという相互研鑽システムがうまく機能して，マニュアルのような形式知だけでは伝えられない暗黙知を含む技能・スキル・経験知というものを，現場で教え・学ぶやり方が，ジャパンクオリティを支えてきた．
4) 長田編著（2010）を参照されたい．
5) 本書の2章で紹介したMBAモデルでは，以下の8項目を調査項目としているので，同類の質問項目をカッコ書きで示した．
①経営者のリーダーシップ，②戦略計画，③顧客・市場重視，④（測定・分析）品質情報の活用，⑤人的資源の尊重，⑥品質保証プロセス，⑦TQM成果，⑧サプライヤーとの関係
6) 調査票の問いに対して，回答者は選択肢から番号を選び，その理由や内容について記入する，という方法を採っている．6因子，約60項目の問いに対応する答えを定量的に評価し（主成分分析による），総合的評価によって企業ランキングが発表される．2009年度時点では，日本の上場企業を主とする約600社のものづくり企業が調査対象となっている（長田編著，2010）．
7) デミング賞審査の評価基準は次のようになっている．
　　①品質マネジメントに関する経営方針とその展開　　　20点
　　②新商品開発／業務改革　　　　　　　　　　　　　　20点
　　③品質および業務の質の管理と改善　　　　　　　　　20点
　　④品質・量・納期・原価・安全等の管理システムの管理　10点
　　⑤品質情報の収集・分析・ITの活用　　　　　　　　　15点
　　⑥人材の能力開発　　　　　　　　　　　　　　　　　15点　計100点
これに，トップのビジョン，経営戦略など「特徴ある活動」評価や，トップのリーダーシップなど「首脳部の役割とその発揮」についての評価がある．
8) 長田編著（2010）に掲載されたトヨタ自動車TQM推進部の説明より抜粋した．
9) トップの長期ビジョンと会社方針を従業員一人一人へ浸透するため，会社方針は社長が自らの言葉で語って，海外拠点にもイントラネットで配信しているという．「開発，生産，販売といった本部別管理と，品質，原価のように部門を超えた機能別管理を組み合わせたマトリックスマネジメントの仕組みにより連関を保ち，グローバルに各地域方針へと展開している」と報告されている（長田編著，2010, p.143）．
10) SQC（Statistical Quality Control＝統計的品質管理）手法を，「技術系スタッフを中心に1950年から導入し，人材育成への活用を順次進め，1988年には階層別に研修を体系化」したという．スタッフを対象に，業務の全体の流れや詳細プロセスを見える化し，「質の向上」，「ムダの排除」などの業務改善と情報共有化，標準化を支援するT-PK（トヨタプロセス改善）が，2004年に開発されたと報告されている（長田編著，2010）．
11) 競合車のベンチマーク情報を含む第三者機関の品質評価（JDパワー，コンシューマ・レポート，ADAC，TUVなど）で，常に業界トップを目指し，情報入手体制の強化と社内フィードバック・活用の仕組みの整備を図っていることが，強調されている（長田編著，2010）．
12) 上記の⑤顧客対応と品質保証で説明されている，「不具合発生から修理まで重要度に応じた日程管理を行う登録制度（GR: Global Registration制度）―問題解決までの時間短縮実現」については，筆者が2015年12月に訪問した英国トヨタ（TMUK）においても実践されていることを現場で確認した．

13) 長田編著（2010）に掲載されている「富士フイルム（株）CSR推進部　環境・品質マネジメント部　原氏」の報告部分の抜粋を紹介する。

①経営者のコミットメント：トップの強力なリーダーシップによる品質重視の経営を行うことにより，創業の危機を克服して経営基盤を確立し，「デミング賞実施賞」受賞に象徴される品質管理レベルの向上につなげてきた。品質方針に基づいて品質経営を推進しており，社長は品質経営に関するメッセージを方針説明会などで自らの言葉で語りかけ，イントラネットでも全グループに発信している。

②品質教育と人材育成：品質経営課題推進の原動力は，「人材」である。社員一人ひとりの意識を変革し，いかなる環境変化にも柔軟に対応できる個人の強化が最重要課題であり，種々の教育プログラムによる研修とOJTで業務能力の向上を図っている。小集団活動は，「生産性向上」，「従業員・チームの成長」，「組織風土の改革」を目的に，1970年代からはTPM（Total Productive Maintenance）活動にも全社的に取り組んでいる。活動テーマはQCに限らず経営課題に直結しており，活発な活動で従業員が成長すると共に，組織も活性化している。

③標準化と管理システム：富士フィルムの製品は高い性能だけでなく，故障やばらつきが少ないという「信頼」により，同業他社との競争に打ち勝ってきた。高品質・高信頼性を要求される商品を，大量に顧客に提供する生産力，技術力，品質力は，当社の品質管理システムを土台として成り立っている。営々と築き上げてきた当社固有の品質管理システムに，ISOマネジメントシステムの考え方を取り入れ，さらに進化したマネジメントシステムの確立を目指している。

14) 長田編著（2010）に掲載された「セイコーエプソン（株）CS品質保証推進部主管部長　中川吉久氏」の報告分より抜粋。

①エプソンでは，1989年（1999年改定）に経営理念を制定，それを補完する理念として品質理念を制定し，CS品質に対する思いを全社に示達している。品質理念の思いを実践することがCS品質経営であり，自ら課題に気付き，自ら業務プロセスを改善していくことが，企業の継続的な体質強化につながるというコンセプトに基づいている。自己診断プログラムを内部のものさし，品質経営度調査の結果を外部のものさしとして活用し，CS・品質経営の体質強化を推進している。

②品質は，顧客価値を実現するためのプロセスと考え，商品／サービスの質だけでなく，オペレーションの品質，経営の品質，さらには組織構成員一人ひとりの心の質の向上までカバーしている。

15) わが国の伝統的工芸品は，日本の優れたものづくり文化を象徴する産業であり，経済産業省では，伝統工芸品の海外展開を支援している。伝統工芸品とは，100年以上の歴史を有する伝統的な技法によって，伝統的に使用されてきた原材料を使って製造される工芸品。経済産業大臣が指定した伝統工芸品は，現在222品目ある（経済産業省編『通商白書』2016, p.321）。

16) 明治時代の殖産興業の政策によって，欧米の生産方式と機械設備および生産技術が導入され，外人技師による指導を得て移植され，或いは接木されて日本の土壌に根づいて行った。トヨタの母体である豊田自動織機が，豊田佐吉が取得した特許をすべて組み込んだ「豊田G型自動織機」の独占的製造・販売権（日中米を除く全世界）を，当時の世界最大手の繊維メーカー・英国プラット社に100万円で売り渡したというのは，この時期のことである。この特許譲渡料がトヨタの自動車開発の原資となるが，産業革命を起こした英国にその価値を認めさせた佐吉のベンチャー精

神の大きな功績であり，快挙と言えよう。
17) 粕谷（2012, p.6）。
18) 粕谷（2012, pp.12-14）。
19) 粕谷（2012, p.17, p.25）。
20) 粕谷（2012, pp.27-31）。
21) 日本の伝統的産業においても，1904年に清酒の科学的分析・開発を行う醸造試験所が開設され，その後の発酵工程の改善などに貢献したとのことである（粕谷，2012, p.69, p.93）。
22) 三菱総合研究所編著（2014）。
23) 東日本大震災での日本人の行動を見た海外の人々の評価として，「勤勉・まじめ・礼節をもつ，秩序を保つ，寛容，献身，品格がある，社会の連帯，きれい好きなどの特質が見られた」という調査結果が示されている（三菱総合研究所編著，2014, p.122）。
24) 「日本はもともと土地が狭く，山あり谷ありで複雑な地形で，台風や雨，雪，地震の被害もある。そんな厳しい条件のもとで，安全かつ快適に走行し，止まる技術の開発と運営を行なってきた」ことが紹介されている（三菱総合研究所編著，2014, pp.36-38）。
25) 1950年代に，日本規格協会（JSA）や日本科学技術連盟（JUSE）の設立，デミング，ジュランら米国の学者らを招いてクオリティ・マネジメントの導入が図られた。
26) Meredith et al.（2002, pp.56-59）は，「長期的にみて，企業体の競争力に影響する最も重要な要因は，製品とサービスのクオリティである」と述べ，「日本企業が，品質の改善が生産性を改善することに繋がることを証明した」と称賛している。彼らは，「高い品質から得られる利益」（Benefits of High Quality）として，「顧客は，質の高い製品とサービスを喜び，リピートオーダーを出し，更にその友達にも紹介する。高品質ということが，その企業の評判を高くする。そして，高品質の製品とサービスは収益を高めるのみならず，大きなマーケットシェアをもたらす。高い品質は企業を競争から守り，リスクを減らす」とわかりやすく説いている。

また，Nahmias（2005）も，「日本製品がアメリカ製品よりも高くても売れるのは，higher Qualityであると認識されているからである」と述べ，日本製品の品質競争優位性について，高く評価している。
27) 1990年代以降の電気機械産業の凋落の原因について，粕谷（2012, pp.408-409）は，次のような見方を示している。筆者も同じ認識を持つものであり，以下に引用して紹介したい。

「自社グループで部品を製造し，効率的に組み立てることで競争力を発揮していたが，パソコンやカメラのようにモジュール化，デジタル化が進み，規格化されてオープンな国際標準になったことで，多くの新興国企業が参入し，日本企業の優位性が消失した。一方，自動車は走行に不可欠な重要保安部品が多く，構成部品の相互依存性が高いため，インテグラル型（擦り合わせ型）アーキテクチャと呼ばれ，設計や製造にあたって多くの擦り合わせ連携が必要なため，日本の自動車メーカーは，その競争力を現在も有している」というものである。
28) ドラッカー（2001, p.130）が説明しているインテグリティは，生まれついての天賦の資質を持っているものに限定しているのではなく，定義に示したように，「正直であり，強い倫理的原理原則を持つ」ための教育訓練，修養を積むことで後天的に

その資質を向上させ得るものである，と筆者は捉えている。
29) クラウド（2010）は，インテグリティという言葉には，「一人の人の全体が統合されており，個々の部分がうまく活動し，目指す機能を果たす」状態を示すという意味が含まれている」と述べている（p.44）。
30) クラウド（2010）は，「困難状況に陥った時に，落とし穴にはまり，敗者のような気持ちになり，怯え，卑屈になり，パニックに陥り立ち尽くしたり退却したりする人」もいるが，インテグリティのある人は，「現実から目をそらさず，それが突きつける要求にうまく応えて良い成果を残す人である」と説明している（p.39）。これが，「現実が突きつける要求に応える能力」である。
31) 成功している多くの企業で，信頼関係が最終的な企業収益に結び付いている研究例が示されている（渡辺，2015, pp.108-109）。）
32) 1950年にデミングが日科技連の招きで来日した当時の日本は，未だ貧しく食べるのがやっとの状況であり，「安かろう悪かろう」の製品・サービスでも売れる時代であった。デミングは，日本の経営者に向かって「材料を買って消費者に届くまでの物の流れの中で，消費者こそ最も重要な部分を占めている。質の高い原材料を使い，不断に品質を向上させること。品質の高い製品を市場に送り，その利潤で食糧を買い，市場で生き残らなければならない」と教えた（ウォルトン，1987, pp.19-23）。
33) ライカー（2006）によると，トヨタのDNAは，創業者の豊田佐吉から生まれたものであるが，この佐吉の思想とトヨタウェイに大きな影響を与えたのは，1859年に英国で発刊されたサミュエル・スマイルズ著『自助論』（Self-Help）であった」とされる。「ジェームズワットが，勤勉と忍耐と向上心つまりIntegrityによって成功した」という事実が佐吉に影響を与え，それがトヨタウエイにも投影されていったと考えられる。
34) ライカー＆フランツ（2012b, pp.10-13）。
35) 経験から学ぶべきことの重要性については，筆者の『組織と人材開発』の中で，知性と感性との擦り合わせによって形成される「悟性」の概念の中で論じているので，参照願いたい（宮川，2010, p.168）。
36) クラウド（2010, p.184）。
37) Alcock（1863, p.83）.
38) それはあたかも，日本の和食文化であるしょう油や昆布・かつおだしの研究から発見された「うま味」成分が，実はフランス料理やイタリア料理のソースや，マッシュルームやシーフードにも含まれていて，それが「UMAMI」成分を感知する舌の味覚を刺激して食する人に満足を与えるのだ，ということに似ている。
39) ライカー＆フランツ（2012b, p.10）。
40) ライカー（2006）は，トヨタ・マニュファクチャリング・ケンタッキー社長のゲーリー・コンビスの経験を次のように紹介している（p.30）。『トヨタウェイとトヨタ生産システムが，トヨタのDNAを構成する。このDNAはトヨタの創業者から生まれ，トヨタの現在そして将来の幹部に継承され育まれ続けている。トヨタウェイを支える2本の柱が，「継続的改善」と「個人の尊重」であり，経営者や管理職の最大の役割は，多数の社員が共通の目標に向かって一致団結するような動機づけをすることである』。ここに，トヨタウェイの移植を成功させる重要なキーワードが，盛り込まれている。
41) トヨタにおける品質経営を語るときに不可欠なものが，創業者豊田佐吉およびそ

の後継者豊田喜一郎の残した，「モノづくり」のあり方に関する遺訓である。豊田佐吉の遺訓：一，研究と創造に，心を致し，常に時流に先んずべし　一，充分な商品テストを行うにあらざれば，真価を世に問うべからず

　　また，豊田喜一郎の遺訓には，「製品の品質と業務の運営を監査し，これを改善する」とある（長田編著，2010, p.142）。

42)　トヨタでは，企業全体の目標を設定して共有化し，具体的で測定可能な目標をワークチームレベルまで巻き込んで，方針管理を徹底させている（ライカー，2007, p.194）。

43)　トヨタにおける従業員の動機づけアプローチを，心理学のモチベーション理論（マズローの欲求段階説やハーツバークの仕事の充実度向上説）に照らして紹介している（日野，2002, pp.86-90, p.167）。

44)　日野（2002, p.29, p.72）。

45)　第一次産業革命は，18世紀後半にイギリスで起こり，蒸気や水力を動力とする機械を使う工場ができた。第二次産業革命は，19世紀後半からアメリカで始まったもので，電力を活用した工場―フォードのベルトコンベア方式による自動車の大量生産工場が代表的。第三次産業革命は，1970年代の日本で起こった電子技術の導入による生産工程のオートメーション化で，産業用ロボットなどが工場に導入された。井上編（2015, pp.4-5）は，これに次ぐ第四次産業革命が，ドイツが提唱する「IT化によるスマート工場」の実現を目指す動きであると解説している。

46)　「IBMが20年前にCIAプロジェクトによってスマート工場を実現しようとして失敗した例」や，「完全なスマート工場を実現させるには莫大なIT投資が必要」なこと，「技術的課題，人的資源と機械の役割分担等クリアすべき課題が多い」ことが，専門家から指摘されている（井上編，2015, p.136）。

47)　ライカー（2007）は，リーン化が進んだ工場では，5S活動や，チームが自ら毎週，場合によっては毎日，自分達の職場の自己監査が行われているという例を示している。(p.16)。5S活動とは，次の5項目の英語の頭文字をとった初歩の改善活動を示す。整理（sort）：必要なものと不要なものを区分けし，不用品を処分する。整頓（straighten）：あらゆるものが決められた位置に置かれている。清掃（shine）：工場・設備をぴかぴかにする。これに日本では「清潔，しつけ」と続くが，米国ではstandardize 標準化（最初の3Sを維持するルールづくり），sustain 規律の維持（規律を守るための定期的業務監査の維持）をもって5Sとしている。

　　筆者の工場経営経験から思い返すに，この5Sこそ作業者のインテグリティを強化向上させる最良の導入策である。自分たちが，毎日8時間以上働く工場を自主的に整理・整頓し，キレイに保つ努力を真摯に行う。それを自ら確認し，同僚や上司からも認められる循環を皆でつくることで，自分も周りも目に見えて改善されていくことを実感できるからである。こうした強い倫理的原理原則をバックボーンとしたインテグリティが，継続的改善活動を支え，より高い品質経営を実現させるのである。

48)　旭酒造（山口県岩国市周東町獺越，桜井博志社長）：江戸時代の1770年に創業され，平成26年9月期時点での売上高46億円，従業員170人の酒造メーカー。《http://www.asahishuzo.ne.jp/》

49)　筆者が，2016年3月に在外研究先の英国ケンブリッジ大学ジャッジビジネススクールでお会いした，同社の桜井副社長（当時）から伺ったお話しと，同社HPに掲

載された情報を中心としている。
50) 三菱総合研究所編著（2014, p.79）参照。
51) 産経 WEST《http://www.sankei.com/west/news/150829/wst1508290076-n1.html》。
52) 桜井社長は，「地方には，その土地の競争相手のいい酒がすでにある。そこに後発で新規参入し，限られた市場でパイを取り合うよりは，新たな需要が見込める，世界の大都市へ行った方がいいだろう」と考え，東京や海外市場にも参入したという。
53) 産経 WEST《http://www.sankei.com/west/news/150829/wst1508290076-n1.html》。

第6章

質の高い経営を支える人と組織のマネジメント

　前章においては，日本の品質力＝ジャパン・クオリティと，それを支えるインテグリティについて述べた。また，トヨタのような質の高い経営を支えているのは，「創業者の思いやトップだけではなく，一人ひとりの社員」であり，トヨタの人づくりとは，「人のやる気を高める（動機づけ）こと」にあるとの見方を示した。いくら会社が質の高い経営を目指しても，「Just do it」（ただ指示されたことだけをやれ）という上司の対応では，社員はやらされ感を持つだけで，モチベーションは失せてしまう。

　本章では，質の高い経営を支える人と組織のマネジメントとはどうあるべきか，について考察する。特に，人は組織社会の中で仕事に対してどのような欲求を持ち，どのように行動するのか，モチベーションを高めるためにはどのようなアプローチが必要か，といった組織行動論的視点をもった分析を試みる。

1．日本的経営と人本主義

（1）　人間主義的経営
　日本的経営が，世界の注目を浴びていた1990年前後に，西欧渡来の資金を本にする資本主義の考えに対して，「日本的経営の骨格をなすものは，人

間を主体とする人本主義である」，とする考え方が唱えられた。人本主義とは，「人を根本にして経済組織の編成を考え，人と人とのつながり方にシステムの原理を求める考え方である」と定義される[1]。人本主義では，ヒトの和を重んじ，組織の調和を重んじる。そこに働く人々が，「会社は自分たちのもの」と考え，平等感と参加意欲を重んじて仕事や情報や成果の分配と分担が決められ，それが企業成果に結びつくとする考えである[2]。

また，野中監修（2009）は，「組織の目的とビジョンに従ってメンバーの活動が統一されると，組織力というまとまった力が発揮され，組織メンバー間の信頼関係があってはじめて，メンバーはモチベーションを維持して，よい仕事ができる」と述べている。組織の方針を立てるのも実行するのも人間であることから，人と人が互いに尊重し合い，協働して創造的に生き生きと活動できる「場」があることが大切であり，人間主義的経営の重要性が強調される理由がここにある[3]。

（2） 知識創造経営モデル

「機械ではなく，人間をすべての中心に据え，工業生産へのヒューマン・アプローチを代表する」モデルとして，「知識創造経営という新たな経営モデル」を唱えたのが，大薗他（2008）である。彼らは，売上高，収益，品質，環境対応などの指標で世界の製造業の中で最も成功しているトヨタが，「知識創造経営」を展開し，社員を訓練して育成し，会社組織内外で能力や人材を掘り起こす努力を継続的に行っている点を評価している[4]。

また彼らは，「トヨタの社員はよく働くが，それは給料や昇進のためではなく，日々のカイゼンや新しいことを達成することから得られる満足感のために働く」と，同社の動機づけについても言及している。こうした企業アプローチは，「社員がチームで仕事をし，組織や社会に貢献していると実感することで心の満足が得られ，動機づけられ，一層努力をするように導かれる」，動機づけ理論のベストプラクティスと言えよう[5]。

（3） 日本型経営の再評価

　渡辺（2015）は，2008年のリーマンショックを機に，欧米型の市場主義とは対極的な日本型経営が内外で再評価されていることを踏まえ，日本型経営の優位性，特に組織の人間的側面に注目している。そして，日本型経営の長所や強みを生かして，社員のモチベーションとコミットを高め，イノベーションを促進して新たなグローバル展開を図るべきとする考えを提示している[6]。また，こうした日本型経営の持つ特徴として，大家族的組織の温情的な信頼関係を挙げ，「日本型経営慣行の根底にある性善説的アプローチは，儒教倫理の徳の概念に由来し，武士の行動規範の拠り所となった」こと，その儒教倫理が，「明治維新以降も人々の組織における行動規範に大きな影響を与えた」と指摘している。こうした価値観やイデオロギーが，日本型経営の理念に大きな影響を与えたことは間違いなく，これが前章で述べたジャパン・インテグリティの骨格となる，強い倫理的原理原則を形成しているものと考える。

2．人と組織のマネジメント

（1） 人と組織のマネジメント論

　経営学の核とも言える人と組織のマネジメントとは，心理学をベースとした組織行動論や人事・労務管理理論の枠組みの中にあり，「組織内のリーダーや構成員のヤル気を最大限に引き出し，その人々が企業組織の目標達成の為にどのような貢献をすべきかを考える」経営の考え方である（鈴木，2006）。組織の構成員がやりがいを見つけて働き，他のメンバーと協働することで目的達成を目指す「人と組織のマネジメント」は，企業経営のみならず，公的機関や学校，NPO等あらゆる組織において重視されるべきものである[7]。

(2) 人間主義的マネジメント

経営学の本質を捉えた，マネジメントの父と言われるドラッカー（2008）は，「マネジメントとは，科学であると同時に人間学である」，「その人間力の醸成と方向づけこそマネジメントの役割である」と述べた[8]。そして，「日本は，非西欧諸国の中で唯一短期間のうちにマネジメントをよく学び，熱心に吸収して，それらのコンセプトと手法を自らの価値観，文化を活かして卓越したマネジメントを生み出し，企業と社会の質の向上を図って国際競争力をつけた」と評価している。これは，本書で注目している日本的経営の源流にまで遡って分析した知見であり，人間学としての人間主義的マネジメントの重要性を説くものである[9]。

(3) 経営学のアプローチ

経営学の専門家たちは，心理学，社会学，人間工学等行動科学分野の研究も行い，企業側も労働環境の改善努力を行って，働く人々の満足度向上を図ってきた。こうした人間的要素を重視した経営管理[10]が，人間主義的マネジメント（Humanistic Management）と呼ばれる取り組みである（カーネギー協会編，2000, p.6-9）。ここでは特に，人と組織のマネジメントに関係する理論体系を示す。

① 経営管理論と人間関係論

経営管理に関する組織的アプローチが初めて試みられたのは，20世紀初頭にテイラーが取り組んだ「科学的経営管理」であった。1920年代後半からのメイヨーやレスリスバーガー達による実験では，能率を規定する要因は，労働条件や監督方法という客観的な条件よりむしろ職場の人間的状況の中にあることが発見された。つまり，人は一緒に仕事をする人たちとの良好な関係，人間として尊重されて仕事をすることに満足感を持ち，その結果生産性も向上するのだ，という人間観をベースとした人間関係論に行き着いたのである（中西，2006）（カーネギー協会編，2000）。そして，経営における人

間心理の重要性を説いた人間関係論は，その後，産業社会学，行動科学，社会心理学，組織心理学などの関連分野にも影響を与えた。組織と人の関係は，合理的・客観的側面だけではなく，心理的・主観的な側面をも考えなければならず，人の感情や意思についての理解を深める「経営心理学」的なアプローチが必要と考える。

② 組織行動論

　組織行動論（organizational behavior）とは，アメリカで1960年頃から研究されてきた，組織における人間行動の理論である。米国の経営大学院に採用された心理学者が，組織と人間行動を結びつけた新たな研究領域を開拓し，人間行動の科学的理論化が図られて，経営学における人間関係論やモチベーション論にも影響を与えたと言われる（大沢他，1982）。組織における人間の行動の理由を理解する行動科学については，従来，商学・心理学・社会学・人類学・政治学等の分野で研究がなされてきた。アージリス（1978）は，組織の中における人間行動の基本的な原因を理解しやすくするために，人々が組織の中で取る行動について科学的に研究することの重要性を説き，この分野を Organizational behavior（組織的行動）と呼んだ[11]。こうした心理学と経営学の境界を越えたアプローチが，社会科学の発展に寄与してきたと言えよう。

3．人の意欲とモチベーション

（1） 人の意欲と行動

　人と組織のマネジメントに関する理論的枠組みについて述べてきたが，そもそも人を積極的に動かす「意欲」とはどういうことを意味するのだろうか。広辞苑によると，意欲とは「積極的に何かをしようと思う気持ち。種々の動機の中から，ある一つを選択してこれを目標とする能動的意志活動」で

ある。このことから，意欲とは「動機づけられる」という受動態で説明されるものはなく，人がいくつかの動機の中から敢えて選択した行動目標を，積極的に達成しようとする，「能動的な意志活動」であるということがわかる。

仕事への意欲を高める方法を考えるとき，給与や昇進，人間関係等の外的報酬によって外因性モチベーションを高める方法だけではなく，働く人自身が，仕事の達成感や仕事による自己成長など，仕事それ自体が個人の成長にとって意義をもたらす内的報酬が得られる，内因性モチベーションを高める方法も考慮しなければならない。内因性モチベーションによって自己の欲求を充足したいと考え，自己実現を図ろうとして働く人は増えており，会社側も，昇給や昇格などの外因性モチベーションだけで労働者を動機づけることは困難であると認識し，ワーク・ライフバランス等の制度で，社員の自己実現を支援する動きもみられる。

(2) 人間主義心理学

人は，どのように動機づけられて意欲的に行動するのであろうか。この問いは，心理学や経営学を含む社会科学のみならず，幅広い専門研究分野にまたがる関心事であり，長い間人々が抱いてきた根源的なものであろう。動機づけ（モチベーション）理論は，米国の心理学者マズロー，マグレガー，ハーズバーグ等が唱えた理論として有名である。人間は，本来的に創造的で自己発展の機会を求めている，と考える「経営管理論および経営組織論と強い関係を持つ行動科学の一系譜」として，人的資源管理論（Human Resources Management Theory）という学問体系が形成されてきた。マズローは，「だれもが創造性というものを先天的に持っているが，その創造性が抑圧されると個人のパフォーマンスが低下し，組織は持てる能力をフルに発揮できなくなる。人間が本来備えている潜在能力を引き出してやれば，組織は飛躍的に向上する」と，「人間主義心理学」ともいうべき研究領域に注目した。人の意欲と行動についての根源的な分析と知見が織り込まれている，その理論と業績の一部を以下に紹介したい。

(3) モチベーション理論

　心理学者のマズローは，組織の中で個人の創造性が抑圧されると，その人のパフォーマンスが低下して，組織が持てる能力をフルに発揮できなくなるため，「従業員や組織が，本来備えているはずの創造性を取り戻せるよう支援すること」が重要だと説いた。また脳科学者の茂木（1997）は，「創造性こそが，人間が生きている証しであり，脳が創造力を働かせるためには，意欲が必要であると考える。もっと仕事の質を高めてやろう，と考えた瞬間に脳はどんどん活性化され，脳の機能が高まることによって，創造性も自ずと高まる」と述べている。このように脳科学の分野と，心理学と組織行動論との接点で，人の意欲や組織と人の活性化，イノベーションとのつながりが説明されている点が非常に興味深い。こうした心理学の視点からも，経営学からのアプローチにしても，組織における人材開発と個々人の自己啓発という考え方がますます重要になっている。

(4) マズローの業績

　精神的に健康で意欲を持って生きる人間の心理と行動について，マズロー（1964）は科学的基礎に立って分析し，「自己を実現しつつある人間の研究」を行った[12]。マズローの人間観の特徴は，生理的欲求，安全欲求，所属と愛情，尊敬といった欲求，さらに成長・創造欲求や美的・宗教的経験の欲求という至高経験までヒエラルキーを形成し，基礎的欲求が満足させられた時に高次の欲求が出現するという階層説を唱えているところにある[13]。

　マズローの業績は，人間の本質を見つめて尊重しようとする人間主義的哲学を基調としており，その著書の内容が心理学のみならず，哲学・宗教学・美学・教育学・倫理学・精神医学・社会学から，さらには一般科学論や経営学にまで及んでいる点が特徴である[14]。こうした研究が，21世紀の現在でも理論的存在価値を持ち，人間性の尊重や意欲の動機づけ，自己実現のための教育等に引用されていることが，その影響力の大きさを示す証左である。

　また，マズローは，1966年に *The Psychology of Science*（日本版は『可能

性の心理学』）を著した。それまでの機械論的科学の限界を踏まえて，人間主義的哲学や科学の重要性を訴える問題意識を提起し，人間主義的科学の必要性や可能性を説いた。そして人間は，その満足感が満たされると，次にはそれに代わる，より高次の「報酬」，例えば，所属，権威，尊重，感謝，名誉の他に，自己実現への機会や最高の価値観（真，美，有能，優越，正義，完全，秩序，合法性など）の育成へと動かされる，と説いたのである[15]。人は，仕事とのつながりの中で働きがいを感じ，それが生きがいに通じたときに，究極の自己実現へのステップを踏み出しているという考え方は，人間主義心理学の特徴をよく表している。

4．仕事への欲求と VOICE モデル

前述したように，仕事への意欲を高める方法を考えるとき，外因性モチベーションを高める方法だけではなく，働く人自身が，仕事の達成感や仕事による自己成長など，仕事それ自体が個人の成長にとって意義をもたらす内的報酬が得られる内因性モチベーションを高める方法も考慮しなければならない。では，働く人は，一体仕事に対してどのような欲求を持っているのであろうか。

（1） 仕事に対する五つの欲求

野村総合研究所（2008）の実施した調査結果を通じて，20代・30代などの次世代層においては，前の世代と比較して仕事に対する欲求について次の五つが強いことがわかった[16]。

① 「仕事に対する意味欲求」

　　社会的に意義のある，あるいは貢献しがいのある仕事がしたいという欲求が強い。事業のミッションや仕事の意味づけを必要としている。

② 「成長・上昇欲求」

　　多少辛いことに我慢してでも，新しいノウハウやスキルを身につけた

い，自分のキャリアを高めていきたいと考えている。
③ 「創造性発揮欲求」
　仕事を通じて，自分らしい創意工夫や創造性をもっと発揮したいと考えている。
④ 「承認欲求」
　多くの人から認められたいという欲求であり，自分がどう評価されているのかについての意識が高いことを示している。
⑤ 「自己実現欲求」
　自分のやりたい仕事がしたい，会社や仕事のことと家庭や生活のことをバランスさせたい，と考えている。

(2) VOICE モデルのアプローチ

　野村総合研究所（2008）は，前述の働く人々の意欲調査結果を踏まえて，会社の上司は，どのようなアプローチを心がければよいか，というモデルを提示している。五つの仕事に対する欲求の一つひとつに，以下のような適切なアプローチを心がけることで，人は欲求が充足され，仕事へのモチベーションを向上させていくことが期待される，非常に有効なモデルとして紹介したい。
① バリュー・アプローチ（Value Approach；共有価値観のデザイン）：企業のミッションやビジョン，あるいは行動哲学や行動規範などの製作と共有化を通じて，その事業の社会貢献性や社会変革性などを従業員が実感できるようにする経営手法のことである。バリューには，経営理念やビジョン，従業員の行動哲学，組織のDNA等も含まれ，社員の連帯感を重視して情熱を生み育てている組織は，高いモチベーションを維持していると言われる。
② オポチュニティ・アプローチ（Opportunity Approach；成長機会のデザイン）：学習・自己成長・挑戦などの機会が，社内に豊かに装備されている組織には，やる気の高い人材が集まり，高いモチベーションが維持

されている。

③ イノベーション・アプローチ（Innovation Approach；創造する楽しさのデザイン）：組織内にイノベーションのメカニズム（改善，改革，創造を尊重する文化と仕組み）を作り出すことによって，従業員の創造性や起業家精神を存分に引き出し，モチベーションを高める経営手法である。

④ コミュニケーション・アプローチ（Communication Approach；情熱循環のデザイン）：互いの知識や知恵を組み合わせたり，触発され科学変化が起こったりすることによって，仕事の質が高まり，個々人も成長できる。

⑤ エンパワーメント・アプローチ（Empowerment Approach；能力発揮環境のデザイン）：従業員個々人が存分に実力を発揮できるような，権限と職場環境を整備する経営手法で，ワーク・ライフバランスや労働の自主・自律性の付与と深く関係している。

　「人」は，今後企業が存続していく上で最も重要な経営資源の一つであり，組織変革，組織の活性化を実践していくためには，従業員に対するマネジメントが最も重要である。業績が上がっている企業を分析すると，人的資源の活性化の程度が高いほど，成果に結びついているといわれている。これからの企業には，「個を活かす組織」が求められている。「働きがいのある会社」では，従業員が，勤務している会社の経営者や管理者たちを信頼し，自分が行っている仕事や役割に関心を持ち，一緒に働いている仲間と連帯感で結ばれている。「人」が本来備えている潜在能力をうまく組織が引き出せば，組織の業績は飛躍的に向上する。そのためには，従業員のポジティブな側面にも目を向け，積極的に動機づけを行うことで，従業員のモチベーションを高めていくことが重要である。その意味で「VOICEモデル」の各アプローチは，組織の中で働く個々人の「考えていること」，「求めているもの」，いわゆる「欲求」をうまく捉えている。

筆者等研究グループは,「VOICEモデル」が提案する個々人の「欲求」に根差した部分を刺激して満たすアプローチを,実際に試してみた。その結果,その企業の社員が主体的に行動することによって職場が活性化し,職場への満足度等が高まった。こうした実証結果をもって,このアプローチの有意性を確認し,紹介するものである[17]。

(3) 動機づけの実際的アプローチ

ドラッカーは,「人的資源については,常に動機づけが必要」と述べている[18]。社員をやる気にさせるためにリーダーが注意すべき点を,トヨタ式経営では次のようにまとめている[19]。いずれも,納得性が高い指導マニュアルである。

① やらせるのではなく,やってみせる。説得ではなく,納得してもらう。
② 積極的に声をかけ,相互理解のコミュニケーションを行なう。
③ 社員の気付きや考える力を尊重する。
④ 挑戦する場や機会を積極的に与える。
⑤ 評価し,誉める,認める,機会を与える。
⑥ 全体最適という考え方に徹してみる。

前述のトヨタ式経営で挙げた項目を,上記VOICEモデルに当てはめると以下のようになる。
①は,意味欲求―バリューアプローチに
②と⑤は,承認欲求―コミュニケーションアプローチに
⑥は,創造欲求―イノベーションアプローチに
⑦は,成長・上昇欲求―チャレンジアプローチに
⑥は自己実現―エンパワーメントアプローチに,該当すると思われる。
このことから,トヨタが社員をやる気にさせるためのアプローチは,働く人の基本的欲求を捉えた,理にかなったものであることが確認された。

5. 人間主義的マネジメントの展望

本項では，質の高い経営を支える人と組織のマネジメントを今後も戦略的に推進していくためには，何をしなければならないかについて述べる。戦略的人的資源管理の考え方をベースとして，ポジティブ心理学と人間主義的経営学のハイブリッド型ともいうべき，新たな人と組織マネジメントについて展望する。

（1）戦略的人的資源管理

1990年代になると，人的資源管理（HRM）は戦略的でなければならず，人材は持続的競争優位実現のための戦略的な資源であるという考え方が進展して，「戦略的人的資源管理」あるいは「戦略的人材マネジメント」（Strategic Human Resource Management：SHRM）という理論的枠組みで語られるようになった[20]。グローバル市場での企業活動が進展する中で，環境適応的な経営戦略の考えや，永続的競争力持続のために従業員の人間性を重視してエンパワーメントを引き出す「人と組織のマネジメント」が，一層重要になっている（宮川，2010）。

（2）ポジティブ心理学

ポジティブ心理学とは，「人生を最も生きがいのあるものにする事柄を研究の主題として真剣に取り組む学問」であり，「生きる意味と目的を探求し，人生でよい方向に向かうことについて科学的に研究する学問」である[21]。このポジティブ心理学が注目を浴びたのは，2000年以降のことであるが，その対象分野は多くの関連領域の研究に共通の方向性を与えており，経営学においてもさらに掘り下げられていくべき研究領域であろう[22]。

① 強味と美徳

セリグマン（2009）は，「人それぞれが生まれながらに備わった強みや美

徳というポジティブな側面をさらに伸ばすことで，今よりもっと幸せになれる」と説いている[23]。そして，幸福で社会的に成功した人たちの追跡調査結果を示して，その共通する「強み」と「美徳」として，アリストテレス，孔子，武士道，コーラン，旧約聖書等の教えなど，1000年以上にわたって言い伝えられてきた六つのキーワードを挙げた。

それが，「知恵と知識・勇気・愛と人間性・公平さ・自制心・精神性と卓越性」という六つの美徳である。若いうちから，楽観的な思考や行動，未来志向や希望，人間関係を結ぶ高い能力，勇気，信頼性，勤労意欲といった強さや能力，美徳を意識して育てることで，うつ病など心の病を予防することができ，前向きな生き方ができるようになる，と唱える[24]。

② 組織内のポジティブな人間関係

人と組織があってはじめて，企業組織は運営されるものである。組織における個人は，それぞれの役割を与えられ，組織の目的を達成するため他のメンバーと協力し，円滑な人間関係を築きながら職務を遂行する。働く人は，職場における人間関係が円滑で身近な人から手助けが得られる時，心身の健康が保たれ，職務に対する満足感や動機づけ，職場へのコミットメントをさらに高める事実が報告されている[25]。組織にとっても個人にとっても，よりよい人間関係の構築は，「職務を超え，全体的な社会的適応を促進することにつながり，個人の生活をより豊かなものへと導いてくれる」効果が期待できる。長期的社会的視野に立ったポジティブな人間関係の構築への対応が，望まれる所以である。

③ フロー理論

ハンガリーからアメリカに移住した心理学者チクセントミハイ（2009）は，「達成する能力を必要とする明確な課題に注意を集中しているとき，人は最高の気分を味わう」というフロー理論を唱えた。心理的エネルギーが挑戦目標に集中され，自分の能力（スキル）が挑戦目標と適合している状態

が,「フロー状態」であり,このフローモデルは,ポジティブ心理学を支える重要な考え方である。自らを統制する能力と創造力をもって,価値のある課題に取り組み,達成するという最適経験を積み上げることによって,満足感と幸福感を高めることができると説く[26]。彼の唱えるフロー体験を,図で示すと図表6-1ようになる。

例えば,図のヨコ軸の「能力」が低い段階で,タテ軸の「挑戦」で実力以上の対戦を強いられるとき,人は「不安」に襲われる。また,逆に右下の位置,「能力」は高いのに,あえて挑戦をしない人は,刺激もなく,「退屈」あるいは「手抜き」状態になるということを示している。チクセントミハイは,「フローモデルに沿って仕事をする人が真に仕事を楽しむならば,働く

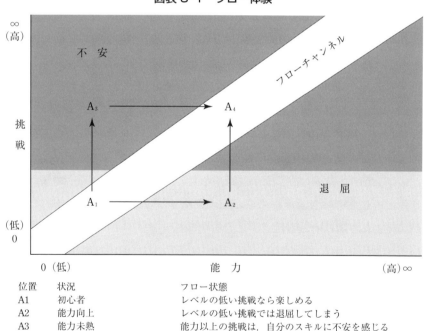

図表6-1 フロー体験

位置	状況	フロー状態
A1	初心者	レベルの低い挑戦なら楽しめる
A2	能力向上	レベルの低い挑戦では退屈してしまう
A3	能力未熟	能力以上の挑戦は,自分のスキルに不安を感じる
A4	能力・挑戦意欲共に高い	A2→A4 能力に見合った挑戦はフローに
		A3→A4 自分の能力を高めて再挑戦することでフローに

出所) チクセントミハイ (2009, p.95)。

本人を利するだけでなく，その所属組織にも生産性の向上という成果をもたらす」と説いている。一度達成感を味わったものは，内的モチベーションを燃やして，A1 → A2 → A4 もしくは A1 → A3 → A4 に進んでいくのだ，という理論である。彼らの調査結果では，働くことを望み，フロー体験をしていると答えた人の割合は予想より多く，特に挑戦目標と能力が高い場合,「より強い幸福感，快活さ，力強さ，活発さを感じ，より強い創意性と満足」を感じていることがわかった[27]。このことは，親や教員，コーチは，その子や生徒，選手を育成する際には，地道に実力を養成し，時期を見計らって挑戦させ，達成感と成功体験を意味する「フロー体験」を味わわせるべきである，という理解につながるのではなかろうか。

　日本の剣道や禅の修行，茶の礼法などに見られるように，日本人は，身体的・精神的集中力を高めて達成する技法を発展させ，生活の質を高めるという文化を持ち，世界中の人々がそこから多くを学んでいる。こうした究極点志向のジャパン・クオリティ・マネジメントと，それを支えるインテグリティの概念は，厳しさと忍耐を強いられるものではあるが，実力を養って挑戦し，一段ずつ達成のフロー体験を積み重ねていくことで，「やりがい」や「生きがい」を感じるという，フロー理論での説明が可能である。

④　心の働きの実証的研究

　ポジティブ心理学は，私たちに喜びの大切さを教え，自信を養い，一人ひとりがそれぞれの道で活き活きと生きていくことへのヒントを与えてくれるものである。それは，人間の心の働きの中のポジティブな側面に注目して，生きる喜びや幸せという前向きな心の働きの研究と実践を目指している。自分の心の働きの強いところ，つまり長所を大切にして，それを生かすようにすることで人生はずっと充実し，また楽しくなるはずだという考えが基本にある。

　ポジティブ心理学の優れたところは，「幸福な人生を築く助けとなる」という特徴だけではなく，その主張を裏付ける実証的研究が行われているとい

うことである。組織の中で，モチベーションを高めて意欲的に仕事に取り組むこと，一体感を持ちベクトルを一つにして大きな目標を達成することで，喜びややりがいを仲間と分かち合う，という共感性にもつながる考え方であり，人間主義的経営学に係る領域である[28]。

前述のフロー体験のように，人は自分で決めた目標に向かって自ら課題に取り組んでいる時，内因性のモチベーションが高まり，目標を達成できた時に大きな満足を得ることができる。そして，仕事に恵まれて充実した職業生活を送ることが，働きがいと生きがいにつながり，充実した人生を送ることができるのである。ポジティブ心理学の考え方は，こうした人の意欲と行動を前向きに捉えており，人と組織のマネジメントの研究領域にも多大な影響を与える理論的枠組である。

⑤ ポジティブ経営心理学の期待効果

セリグマン（2009）は，ポジティブな感情には希望・楽観・信念・誇り・熱意等があり，これが人々の知性を磨き，身体能力を培って生産性を高め，他者をいとおしみ（友情や愛情），健康で幸せな人生に導く，という研究成果を示している。つまり，人の持つ強みを発揮すると，誇り・満足感・喜び・達成感といった本物のポジティブ感情が生まれ，それに基づいて行動すれば誰もが勝者になれる，というのである。そして彼は，「良い人生とは，毎日の生活の主要な領域で，自分の強みを使うことによって引き出される幸せの中にある。有意義な人生とは，人生を豊かにするのと同じ強みを使って，さらに知識や力，善良さを促進すること」である，と結論付けている。こうしたポジティブ心理学からの学びは，本書のテーマである，日本的グローバル・オペレーションズ・マネジメントにも大いに役立つものと考える。

マズローは，「だれもが創造性というものを先天的に持っているが，その創造性が抑圧されると個人のパフォーマンスが低下し，組織は持てる能力をフルに発揮できなくなる。人間が本来備えている潜在能力を引き出してやれば，組織は飛躍的に向上する」と説いた。この言葉には，人々はポジティブ

に自己を啓発して持てる能力を発揮すべきであり，組織は人材を開発し育成していく場を提供し，社員が創造性を発揮できるように支援を行うべきである，というメッセージが込められていると考える。人間は「自分のため」という利己的動機よりも，「人のために」という利他的動機による行為，助け合い，譲り合い，分かち合う相互扶助の生き方によって進化し，組織の一員として協働し役に立っていると感じる時に，楽しい，嬉しいという感情を持つ，とする説もある。

組織を活性化させるためには，企業理念の共有，リーダーシップ，一体感ある組織，モチベーション，チームワーク，将来性，公平さ，自己啓発，ワーク・ライフバランス等のキーワードが挙げられる。これは，「働きやすい会社」や「働きがいのある会社」に共通してみられる特徴であり，多様な人材が互いに価値観を認め合い，一体感を持って協働することで組織の目標を達成できるという考え方の裏付けになる。

「従業員満足（ES）なくして組織の活性化は図れない」と言われるように，企業組織を活性化するためには，組織を運営する人の活性化が特に必要である。会社の理念や目標と社員自身の人生のビジョン，つまりキャリアデザインとのベクトル合わせが必要である。会社組織の一員であることにプライドを持ち，上司と同僚の間に信頼感と一体感が育まれることで，働きがいや生きがいが向上すると考える。

（3） ポジティブ心理学と経営

ポジティブ心理学の考え方を，経営学の一分野である組織行動論や人材マネジメントに応用しようとする試みが，実際に行われてきている。例えば，ポジティブ心理学の考え方がどのように企業組織の業績に影響するかについて，ギャラップ社のケースを事例として紹介したい。「社員がどう感じていれば組織の業績は上がるのか」という課題について，同社は，33カ国316万人の従業員を対象とした調査を行った。その結果，人は自分の強み（才能）を認識し，それを生かして日々自分らしくチャレンジすることにやりが

いを感じることがわかり，それ以後マネージャーは部下に対して，「楽しみながら才能を生かすことで，組織の業績にも貢献してもらう」ことを追求していく姿勢が見られるようになった，ということである[29]（金井編著，2010, p.108）。

また，日本企業の中には古くからこうした経営を目指した事例がある。その代表的な例が，パナソニックである。松下電器の創業者松下幸之助は，「事業経営と人間哲学を両立させようと思って努力し続けた人」と言われている。つまり，自ら人間的にも成長し，社会に貢献できる存在になろうとする社員を育て，世の中の役に立つ事業を行うことを求め続ける組織が，松下幸之助の描く会社像であった，というものである（「財界」編集部編著，2005, p.213）。

(4) 人間主義的マネジメント（Humanagement）

マズローは，*Maslow on management*（2007）の中で，「人的資源の乏しい企業，労働者の士気の低い，病欠率・離職率の高い消費者の信用を失った企業に投資をするだろうか？」という素朴な疑問を投げかけている。そして，「重要で価値ある仕事をやりとげ自己実現に至ることは，人間が幸福に至る道」であり，幸福とは直接求めるものではなく，善き行いに対して間接的に副産物として生じるものであると述べている。つまり，組織における活動が全体論的でメンバーの相互依存性が高く，コミュニケーションが円滑に行われていれば，メンバー相互の信頼関係が強くなってシナジー効果が高まるというものである。また，問題解決や職務遂行力があり，客観的要件を誰よりも鋭く見抜いて利他的に行動できるリーダーが必要であることを唱え，人と組織の活性化を図るマネジメント論に深く踏み込んでいる[30]。

近年「モチベーション・リスク・マネジメント」，つまり従業員の意欲の低下がもたらすリスクは深刻であり，経営者は，このリスクを適切に管理して組織のパフォーマンスを向上させねばならない，という考えが拡がっているが，冒頭のマズローの指摘は的を射ており，まさに炯眼と言えよう。

また，マズローは，「経営理論というものは，生産性，品質，利益向上という成果と，労働者の心理的健康や自己実現を目指しての成長，さらには労働者の安全・所属・愛情・自尊欲求等の充足という人的成果に焦点を当てた理論であり，この二つの成果によって，国家は他国を出し抜くことさえできる」，とまで言い切っている。

　この論理からすると，日本は，これまで品質を高めて生産効率を向上させる努力を行って成果を高めてきた企業を擁する国であり，このモデルになり得る。これで働く人々が，心理的にも健康で自己実現を目指して成長できる環境が整えば，国としての競争優位性をもっと誇れる国になれるはずである。このように，マズローの指摘には，21世紀の人と組織のマネジメントを考える上で再認識しなければならない重要な知見が込められている。

　企業にとって，人材こそが最大の資源であり，人と組織の活性化を図って社員が一体感を持って意欲的に働くことができ，仕事に対する意欲や会社や社会への貢献を通じて満足感を高めていくという，ポジティブな経営が期待されている。これが，「生きる意味と目的を探求し，人生でよい方向に向かおうとして働く人」を尊重する経営，人々が互いに支えあう人間主義的な経営であり，本書のテーマである「日本的グローバル・オペレーションズ・マネジメント」を支える，人と組織を活性化させる考え方である。

(注)
1）　伊丹（1992, p.37）。
2）　企業経営のグローバル化に伴って，海外事業における日本的経営の現地化が進められた。米国 GM とトヨタの合弁事業である NUMMI や，ホンダのオハイオ工場において，高品質と高生産性と高い従業員満足が達成された事例が示すように，現場主義，人間尊重の人本主義の成果が，海外事業においても認められてきた事実がある（伊丹，1992, p.118）。
3）　同書では，東京電力の木川田一隆元社長の「組織の中に人間的な生きがいを生み出し，人間向上の教育を通じて人間創造性を一段と培養しうる進歩の道を探求することは，まさに現代社会における人間尊重の基本課題であり，今日の企業経営に課せられた，真の意味の経営革新の哲学と言うべきであろう」，という言葉を引用している。経営者自身から発せられたこの言葉は，日本的経営の特徴である人間主義的経営の重要性を余すところなく伝えている（野中監修，2009, pp.61-65）。
4）　トヨタの組織能力向上策の展開事例として，アジアの IMV プロジェクト（一つの

車台を共有し，いくつかの地域向けにデザインされたワールドカー），ヨーロッパ市場向けの準小型車ヤリス，米国の若者向けのサイオンと大型ピックアップトラックのタンドラ，を紹介している。こうした戦略車の成功の裏付けとなったのが，現地発のベストプラクティスを集積した「グローバル・ナレッジ・センター（GKC）」という「知識の貯蔵庫」と，教育センターの存在であったと指摘している（大薗他，2008, pp.277-282）。

5) 大薗他（2008, p.335）
6) ここでいう日本型経営とは，日本の大規模組織において踏襲されてきた人事・雇用制度，意思決定制度，企業間取引制度及び企業統治の制度などの経営慣行を指す（渡辺，2015, p.19）。また，同書では，今後も継承されるべき日本型経営の価値として，日本型経営における社員間の信頼関係，社会的欲求に応える人間関係論的アプローチ，平等主義と現場主義，そしてイノベーションにおける優位性の4つを挙げている。
7) ドラッカー（2008）は，「企業以上にマネジメントを必要としているものが，それら企業以外の組織である」と述べ，「今後それらの組織において，マネジメントに対する関心が急速に高まる」と予言している（p.7）。
8) ドラッカー（2008）は，日本が明治維新の25年後には，先進国の仲間入りを果たし，短期間の内に卓越したマネジメントを生みだした例を挙げて，「組織は，社会の質の向上を自らの本業と一致させなければならず，個人の価値と願望を組織のエネルギーと成果に転換させること（自己実現）こそ，マネジメントの仕事」であり，それが組織，コミュニティ，社会の発展につながると説いた（pp.38-40）。
9) 日本能率協会編（2009, pp.7-31）は，心理学，脳科学，人類学等の研究が進み，「人は働きたい動物である」「人は協働作業を喜ぶ」「人は情動で動く」ことが確認されたことを踏まえ，産業界に向けて，「働く人の喜び」「創る喜び」等を中心に据えた経営を目指すべきであると提言した。「企業で大切に育成された社員は，現場で創意工夫を凝らし，自主的に課題発見・問題解決に力を発揮し，それが企業の成長，社会の発展に貢献することになる」という，人間主義的経営につながる考え方を示している点で注目される。
10) 経営管理は，英語ではManagementと表記されるように，人的資源の管理は経営組織の要であり，その組織の繁栄と衰退を左右する決め手となる。
11) 行動科学の研究結果を学ぶことで，命令的な指導者や協調的な指導者が部下にどのような影響を与え，どのような行動を行わせるかという傾向をつかむことができ，よりよい経営判断が可能になると考えられてきた。また，アージリス（1978）は，組織的行動における重要な成因は，働く人のパーソナリティであり，人々の心理的活動力の源は，パーソナリティの欲求の中にあると考えた（pp.33-51）
12) マズローは，1962年に *TOWARD A PSYCHOLOGY OF BEING* というタイトルの本を発行し，日本での翻訳版『完全なる人間』が1964年に発行された。同書には，自己実現や人の至高経験についての研究結果，および人類全体にとって規範的なもの，完成した理想的人間の生き方とは何かという生命（Being）論を提唱したいとするマズローの考えが，反映されている（マズロー，1964, pp.3-4, pp.290-297）。
13) マズローは，1954年に発行した *Motivation and Personality*（マズロー，1971b）において，基本的欲求を構成する生理的欲求・安全の欲求・所属と愛の欲求・承認の欲求そして自己実現の欲求からなる欲求階層説を唱えた。彼は，20年間にわたる

人格研究を踏まえて,「人間の欲求」には,欠乏欲求と成長欲求があるとした（ibid, p.38）。欠乏欲求とは,従来の「求める欲求」という概念であり,ちょうど生命体としての人にとって,水,アミノ酸,ビタミン,カルシウム等の欠如が病気を引き起こすように,生きていく上で必要な生理的欲求や安全欲求など,基本的欲求が欠乏状態にある時,強く求める欲求を感じ,その欠乏するものが外部から与えられたときに満足感を覚えるものであるとした。また,成長欲求とは,満ち足りた状態で自己の充実したエネルギーを表出し,創造し,愛し,成し遂げたい,そして他に分かち与えたいという「与える欲求」と捉えている。彼は,「創造性,自発性,自立性,確実性,博愛,愛する能力,真理の探究などは,人の持つ可能性の芽である。（中略）萌芽としてあるものを認め,育て,励まし,助けて,ありありとした現実になるようにするのである」という発見事実を,わかりやすく述べている（マスロー, 1971b, pp.71-107）。最近のマズロー研究では,Aormina（2013）による研究論文『Maslow and the Motivation Hierarchy（マズローと欲求階層説）』がある。

14) マズローの『人間性の最高価値』の訳者は,「このような人間に関する深い洞察が単に心理学ばかりでなく,人間に関わりを持つすべての科学領域に大きな影響を与えずにはおかなかった」と述べている（マスロー, 1989, p.471）。

15) マズローの言う自己実現している人々とは,「基本的欲求（所属,愛情,尊敬,自尊心の満足を求める欲求）のすべてを満足させており,所属感と安定感をもち,愛情欲求を満たし,友人をもっていて,自分が愛されているか愛される値打ちがあると感じている。また,地位や生活の場,他の人々からの尊敬を得ており,自尊心と,自己の価値を,当然のこととして意識している」人々を指す（マスロー, 1971a, p.351）。

16) 野村総合研究所（2008, p.56）。

17) 宮川・中川（2014）を参照されたい。A社の職場のキーマンが,人事研修を機会として,各所属部署において主体的に小集団活動を実践したことにより,職場に変化が生まれ始め,小集団活動がより組織的なものとなっていった。「コミュニケーション」アプローチによって,部署間の壁は低くなり,彼ら自身の行動は主体的になり,職場に対する満足度が上昇し,職場の繁忙度が軽減するという成果を確認した。

18) ドラッカー（2008）は,「我々が利用できる資源のうち,成長と発展を期待できるのは,人だけである」と述べている（ドラッカー, p.15）。

19) 若松（2007, p.71, p.157）より引用。一部筆者にて要約。

20) 戦略的人的資源管理論は,経営戦略,特に事業戦略や競争戦略と人的資源管理の連動,採用や評価,処遇,配置,教育・訓練等の人的資源管理の諸活動間の連動を重視し,企業がその戦略目的を実現するために,資源としての人間（従業員）をいかに活用,開発,発掘するか,という考え方である（寺本・岩崎編著, 2006）。

21) ポジティブ心理学創始者の一人であるミシガン大学心理学部教授のピーターソン（2010）は,「人間の弱さと同じくらい強さに注目し,最悪のものを修復するのと同じくらい最高のものを築き上げることに関心を持ち,苦悩のどん底にある人の心の傷を癒そうとするのと同じくらい,健康な人々の人生を充実したものにすることに注意を向けよう」と説いている（pp.4-6）。

22) ポジティブ心理学では,「人間のもつ長所や強味を明らかにし,ポジティブな機能を促進していくための科学的・応用的アプローチ」を重視する。人間の良いところや人徳に注目する研究は,人間性心理学でも行われているが,「ポジティブ心理学

は，実証データやその応用をより重視し，日常の平均的な人の well-being（幸福感）や満足感により関心を向けている」点で，むしろ健康心理学の立場に類似していると言われる（堀毛編，2010, p.5）。

23）「ポジティブ心理学」を提唱したアメリカ心理学会のセリグマン（2009）より引用。

24）子どもの欠点や弱点を指摘し，それを矯正することだけに躍起になる親や教師が多いが，「子どもたちが持っている得意なところ，優れた能力に気付き，育成し，満足感・幸せ・希望を持てるポジティブな気持ちに導くことが大切である」，という指摘には説得力がある（セリグマン，2009, p.40）。

25）日向野（2010, p.130）。

26）チクセントミハイ（2009, pp.8-13）。

27）チクセントミハイ（2009, pp.193-199）。

28）島井（2009, pp.3-9, pp.122-128）。

29）ギャラップ社による，自社従業員を対象とした調査結果から，「人は自分が得意なこと，自分の強みを発揮して仕事に取り組んでいる時に最善を尽くすことができ，こうした強みを持った従業員が揃った企業では，社員の士気や忠誠心が高く，欠勤率や離職率は低く，収益面でもうまくいっているケースが多い」という傾向が明らかになった（ピーターソン，2010, p.247）。

30）マズロー（2007）は，「産業心理学との出会いによって，まったく新しい地平を開いた」と語り，「心理学，心理療法，社会心理学などの成果を経済活動に応用できれば，人間を啓発する新たな道筋が示され，人類全体に影響が及ぶのではないか」との強い期待を示した（pp.173-.214）。

終章

総括と展望

　本書では,「世界で稼ぐ力を支えるグローバル経営力」を持ったグローバル企業を目指すには,企業戦略の全体最適を図り組織横断的に連携しながら競争力を高めていく,グローバル・オペレーションズ・マネジメントの考え方が実践的であり,必要であると説いてきた。また,そうした経営を支える人的資源のモチベーションやインテグリティ(真摯さ)の重要性についても,一歩踏み込んで論述してきた。

　本章では,表題として掲げた「日本的オペレーションズ・マネジメント」について,各章で述べてきた研究課題に関連する知見について総括し,最後に将来への展望を示す。

1. 総　　括

　世界情勢が,これまでのグローバリゼーションの流れとは異なった,反グローバル化やナショナリズム的保護主義の動きが拡がる兆しがある中で,本書ではいくつかの問題意識を踏まえた研究課題に取り組んだ。それは,「わが国は,こうした潮流が変化する環境下でも,従来通り〈貿易立国・投資立国〉を志向して行って良いのか」,「日本企業は,どのように世界で稼ぐ力を支えるグローバル経営力を強化させていくべきか」,「日本的経営の強みは何で,それは海外の企業にも移転可能か」,「グローバル経営を支える体制をど

のように構築していくべきか」,「質の高い企業経営を支える,人と組織のマネジメントをどのようにしていくべきか」,といったものである。

その解答のヒントを,日本が明治時代から近代化の手本としてきた大英帝国の産業の盛衰から学ぶ中で,見つけることができた。そして,中国,米国,英国における日系製造企業のオペレーションズ・マネジメントの調査結果を分析することで,品質経営にとって重要なポイントが見えてきた。また,過去を振り返ることで,日本のものづくりの伝統や日本的経営・生産システムの競争優位性が,海外の産官学から評価されて,ジャパナイゼーションという動きが拡がった事実もわかってきた。そうした考察を経て,本書では「日本的グローバル・オペレーションズ・マネジメント」の重要性を説明し,そのベストプラクティスとして,世界的規模で活動展開して世界一の自動車メーカーとなった,トヨタ自動車を紹介した。

各章で述べてきたことを,以下にまとめて示す。

第1章「グローバル経営と経営資源の国際移転」では,グローバリゼーションの概念説明と,日本企業はどのようにグローバル経営に取り組み,いかに日本的経営方式や生産システムを海外工場に移転していったかについて,先行研究の知見を参考にしながら述べた。そして多様化するグローバル市場において競争優位を維持し業績を拡大させるために,日本企業はどのようなグローバル経営を目指すべきか,グローバル経営のメリットとは何か,について考察した。

日本の主要製造企業はこれまで,グローバリゼーションという潮流の中で,産業構造の変化や為替の急激な変動に対応して,経営戦略の中にグローバル化対応を明示し,積極的な海外展開・最適地生産・グローバル調達(必要な部品材料を地球規模で調達する)を推進して,異なった経営環境に適応してきた。そして,経営方式・生産システムの国際移転については,これまでの海外調査や先行研究の分析から,本社から派遣された日本人駐在員を中心に定着徹底させる努力が行われ,グローバル経営の最前線での環境適応努

力の積み重ねが，その企業の競争優位性とその生産性を向上させてきた点を強調した。

次に，第2章「グローバル・オペレーションズ・マネジメント」では，その概念とその成功事例について解説し，これまでの筆者等研究グループによる「経営の質を高めるクオリティ・マネジメントの実践と成果の検証」結果を提示して，海外市場での生産活動をどのように展開していくべきかについて述べた。

グローバル・オペレーションズ・マネジメントの成功事例として挙げたトヨタグループの強さの源は，TOYOTA WAY を核にグループ内で原価改善やクオリティ・マネジメントを継続的に実施してきたこと，そしてそれを可能にした従業員のモラールにあると考えられる。組織学習を継続的に行うことで自分の仕事とその社会的役割に誇りを持ち，仕事に対する熱意を持つ社員が育ち，そうした人材が企業活動の要となっている。そして，その強みをさらにグローバル拠点に移転して，世界の各地域で最適化を図ってきたことが，トヨタの競争優位性の構築につながっていることがわかった。

そして，日本を代表するトヨタやキヤノンなどの優良企業に共通しているのは，人的資源を尊重し，品質や生産性の向上を図る日本的経営を実践し，世界の有望市場に設立した海外事業会社に対して，日本的経営・生産方式・技術ノウハウの移転を実現してきている点である。トヨタグループのように，総合的質経営を志向している企業の特徴と，我々研究グループの中国・米国における調査結果である「クオリティ・マネジメント（TQM）の実践により，高い成果を示した企業グループ」の特徴の間に，多くの共通点を見出した。この分析を通して，本論の理論的拠り所であるクオリティ・マネジメント論や，人間関係論において唱えられてきた人間尊重の思想が重要であることが，明確になってきた。

第3章「英国産業の盛衰とジャパナイゼーション」では，我々研究グルー

プの欧州（特に英国市場）での調査に関連して，英国産業の盛衰やジャパナイゼーションの動きについて振り返り，英国の市場性について述べた。英国は，産業革命発祥の地であり，七つの海を制覇して大英帝国を築いた国で，ほとんどの産業分野で強みを発揮して，文字通り「世界の工場」と呼ばれていた。その英国から，明治維新後の日本は多くを学び，戦後の復興を経て，日本が「世界の工場」と呼ばれるようになった。米国で日本的経営・生産システムの研究が進み，その優位性が認識されるようになると，欧米企業の中で「日本に学べ」というジャパナイゼーションの動きが広がった。3章では，我々研究グループの中国市場，米国市場での調査に続き，欧州特に英国市場での調査に関連して，英国産業の盛衰や欧米でのジャパナイゼーションの動きについてまとめた。

　英国産業の競争力の衰退を招いたいくつかの要因の中でも，最大の原因が，「英国病の蔓延」であった。第二次世界大戦後の英国の自動車産業，とりわけ国産メーカーは，この英国病の特徴的な患者となったと言われ，「英国資本企業は，変化する市場に対して戦略や対応を適応させていく能力を欠いていた」と指摘されている。英国産業が，競争力をなくしていった原因分析には，「市場のシグナルを読み違え，不備なビジネス戦略に終始した経営者のマネジメントと，労働環境の変化に適応せず，協調心や仕事への意欲といった点で充分とは言えなかった労働者の責任であった」，とする指摘が多い。こうした企業組織のオペレーションズ・マネジメントの失敗こそが，英国病を深刻化させた真因であり，日本の国も産業もここから学ぶべき点は多い。

　第4章「英国調査結果報告」では，海外の日系製造企業において実際にどのような品質経営が行われ，どういう成果を上げているかについて，2015年11月から2016年5月まで，英国ケンブリッジ大学と中京大学との支援を得て実施した英国調査結果と発見事実を示した。

　筆者らのこれまでの中国・米国での調査，そして今回の英国でのアンケー

ト調査結果から明らかになったのは，調査対象となった企業の9割以上が，クオリティ・マネジメントを3年以上継続的に実践しており，高い企業成果を上げている傾向が認められたことである。

　今回の英国を中心とした調査対象企業は，進出して20年以上経過している日系製造企業や，現地企業を買収して操業を行っている企業が多く，日本本社の生産システムを移転しそのまま運用しているという回答は，2社しかなかった。日本から生産システムを移転し指導してきた日本人駐在員の多くは帰国し，現地社員によって現地定着化が進められている例が多かった。これらのことを考え合わせると，日本式生産システムであれ，現地の生産システムであれ，あるいはそのハイブリッド方式であれ，クオリティ・マネジメントの重要ポイント（MBAモデルでいうTQM実施策としてのリーダーシップ・品質情報の活用・戦略性・人的資源開発・品質保証・サプライヤーとの関係・顧客満足・公共責任）を徹底実践している企業は，しかるべき成果を上げている，というのが調査結果から得られた発見事実である。今回の調査では，高い品質を継続的に生産するために不可欠な要素である「Quality（質）とIntegrity（真摯さ）について」コメントを求め，製造現場の責任者から貴重な回答が寄せられた。

　また，今回在英国日系製造企業2社を訪問した。いずれも日本の代表的なグローバル企業で，基本的には日本の出資会社本社主導で展開されているが，かなり現地化適応努力もなされているとの印象を持った。

　第5章「ジャパン・クオリティとインテグリティ」では，日本の競争優位の源泉であり，海外市場で評価される日本的経営の品質力＝ジャパン・クオリティとはどういうものか，そしてジャパン・クオリティを支えるインテグリティとは何か，について論じた。日本製造業の国際競争力は，品質（単に物理的な意味での品質のみでなく，品揃え，デリバリー，アフターサービスなどを含めた市場に対する適応性）の良さ，工場の生産性の高さと低コストによって達成されてきた。ジャパン・クオリティ・マネジメントは，日本の

伝統的生産技術と熟練のものづくり文化の蓄積をベースに，欧米から導入した生産技術を継続的に改良・改善し，発展してきたものである。また5章では，それを支えるインテグリティの重要性に注目して，論述した。

インテグリティを備えた人が組織の中で重要視されるのは，誠実（honest）であり，その組織共同体の中で共有する強い規範（principle）を守ることで，組織で協働する仲間として信頼が得られるからである。企業が経済活動を行う時に，顧客，従業員，取引先，株主といったステークホルダーとの長期的関係を築くことが重要であり，こうした信頼関係を支えるインテグリティを持つ人が，重要な役割を果たしているということがわかってきた。

日野（2002）は，「トヨタの人づくりとは，人のやる気を高める（動機づけ）こと」であり，信頼感の醸成，作業者の満足度向上等を図るために，「トヨタは，人づくりにおいて心理学的アプローチを取っている」可能性を指摘している。人を尊重するということは，その頭脳と能力と人間性を尊重するということであり，トヨタウェイでは，「従業員を尊重しながら，同時により高い目標にチャレンジさせる」動機づけのアプローチが採られていることが，知見として得られた。

第6章「質の高い経営を支える人と組織のマネジメント」では，質の高い経営を支える「人と組織のマネジメント」とはどうあるべきか，について考察した。特に，人は組織社会の中で仕事に対してどのような欲求を持ち，どのように行動するのか，モチベーションを高めるためにはどのようなアプローチが必要か，といった組織行動論的視点をもった分析を試みた。

「人」は，今後企業が存続していくうえで最も重要な経営資源の一つである。「働きがいのある会社」では，従業員が，勤務している会社の経営者や管理者たちを信頼し，自分が行っている仕事や役割に関心を持ち，一緒に働いている仲間と連帯感で結ばれている。社員が一体感を持って意欲的に働くことができ，仕事に対する意欲や会社や社会への貢献を通じて満足感を高め

ていくという，ポジティブな経営が期待されている。このように，「人」が本来備えている潜在能力をうまく組織が引き出せれば，組織の業績は飛躍的に向上する。従業員のポジティブな側面にも目を向け，積極的な動機づけを行っていくことの重要性を強調した。

2. 展　　望

　世界経済は，これまでのグローバル化一辺倒の流れから，国々の政策の変化によって多様化する潮流の変化点にある。日本の産業は，これまでも多くの困難な状況を乗り越えて，競争優位性を構築してきた。日本と同じ島国ながら，産業革命を起こし，七つの海を制して連邦を形成してきた英国から学ぶべきことも含め，環境の変化にどのように対応して行くべきかについての展望を示す。

(1) 経営環境の変化

　世界経済は今，反グローバル化やナショナリズム的保護主義の動きが台頭しつつあり，これまでのグローバリゼーションの潮流が変化し，国々の政策の変化によって多様化する変化点に差し掛かっていると言えよう。

　1776年，英国のアダム・スミスは，「国富論」を著し，人々の自由な経済活動に任せれば，神の「見えざる手 Invisible Hand」の導きによって，おのずと市場のバランスが保たれると説いた。自由貿易は，「自然の摂理」に則した行為であり，絶対生産費に基づく産業の特化と国際分業，資本や労働の最適配置理論を唱えたのである。この考え方には，その後批判や修正論も出たが，1989年のベルリンの壁崩壊に象徴されるように，国境を越えた自由な行き来ができるグローバル化の新潮流に，最も合う古典派経済学理論であったと言えよう。しかし今，アダム・スミスの生まれたスコットランドを含む英国や米国では，自らの保護主義的決定に，資本や人の行き来の自由が大幅に制限される危険性にさらされているのである。

こうした環境の変化に際して，企業が競争優位獲得のために行う意思決定と行動が経営戦略であり，新たな経営環境に適応するための全体最適の資源配分を講じて，迅速に行動する必要がある。過去に日本の産業が，石油危機や通貨危機等の困難を克服して環境の変化に適応してきたごとく，日本的経営の強みを発揮することによって，新たな変化にも適応していけるとの認識をまず示したい。

　第1章で述べたように，グローバリゼーションの概念が一般化されたのが，1989年11月の東西ベルリンの壁崩壊で国境がなくなった後の1990年代であり，今から26年程前のことである。ボーダーレスという自由貿易の代名詞が，世界経済の枕言葉として使われる以前の1970年代の米国は，保護主義，排他主義的な政策がとられていた。記憶に鮮明に残っているのは，日本から輸入されたラジカセや自動車を，ハンマーでたたき壊すパーフォマンスをする米国の男たちの映像である。1970年代に，日本から輸入される繊維・電気製品・鉄鋼・自動車によって市場シェアを奪われた，とする者たちが，自らを含む消費者が選択する価格と品質を持つ輸入商品を，「米国の敵」として葬ろうとした，愚かな過去がそこにあった。日本の安くて品質のよい商品の流入を抑えつけようとして，日米経済摩擦が起こり，日本が自主規制や為替の調整を余儀なくされた時期のことである。当時の米国自動車産業界は不況の只中にあり，ビッグスリーは急激にシェアを失い，フォードは倒産の危機に陥っていた。日本の工業製品の対米輸出は貿易摩擦の火種となり，1980年代には円高傾向も契機となって，日本の自動車や電子機器製造企業の米国での現地生産に拍車がかけられた。こうした日本企業の米国における現地生産対応が，衰退した米国産業の再生に少なからず貢献したのである。特に，自動車産業においては，1980年代に日本的生産方式を学習した米国メーカーの合理化努力や，サポーティング・インダストリーを含む日系製造企業の現地生産の拡大等により，生産性の向上が図られたと言われる。

　ライカー他編著（2005）によれば，始めは日本車が米国で安く売れるのは，日本の政府と自動車業界が，共謀して人為的に安くしている不公正なや

り方に原因がある，と考えられていた。しかし，ビッグスリー幹部たちも次第に，日本車の品質が優れていることを認め，中でもトヨタを目標とすべき会社であると結論付けてベンチマークを行ったのである。そして1990年に，MITの産業生産性調査委員会による報告が発表され，アメリカ型大量生産システムに対して，日本型の生産システムを「リーン生産システム」と呼んで優位性があることを示した。それによって，日本的経営・生産システムが世界的に注目されたのである。また欧州においても，1990年代以降欧州諸国から要請を受けた日本の製造企業の現地生産化が進み，「リーン生産方式」等の日本的経営・生産システムが，世界的規模で拡大してきた[1]。

こうした歴史的事実を振り返るとき，日本の産業は，あたかも毎年襲来する台風の暴風雨に打たれながらも，必死で生きようとする樹木のごとく，実に柔軟に耐えてきたと言える。1970年代の二度のオイル・ショックの際もそうであったが，日本の産業は，経営を取り巻く環境の変化に適応力のみならず，さらなるイノベーションを創発する対応力を見せてきた実績がある。今後新たな経営環境の変化があろうとも，日本の産業は，問題発見，問題解決の組織能力をもって乗り越えることができよう。

(2) 国の競争優位性

本項では，日本の国の競争優位性について述べておきたい。ポーター(1992)は，著書『国の競争優位』の中で，政府・産業・企業の関係の重要性についてまとめた。1960年代に新しい先進国際競争国として登場し，欧米の貿易・産業大国を追い抜いて競争優位を築いた，日本という国の競争優位性を次のように分析している（pp.8-9）。

「天然資源の欠乏が，日本人に原材料を輸入し加工製品を輸出する加工貿易によってのみ生き残れるという危機感を植え付け，多くの企業でイノベーション・創意工夫・弛まざる改善による効率化・海外の先進的技術の積極導入・労働力不足を補うための生産性向上やオートメーション化を促した」，と評価している。

そして，人的資源に関しては，「日本では長年に亘って教育が尊重され，よく躾けられてよく働き，惜しみなく他人と協力することを尊重する日本人は，要素上の優位性を持っていた」，「勤勉な人的資源を迅速に継続的にグレードアップしてきたことが，競争地位の更なる高度化を支援した」として，日本人の資質の高さにも言及している。同じような考え方で，「二度の石油危機は日本のエネルギー消費の効率化を高めるイノベーションを促し，土地の不足・地価の高さは不必要な在庫スペースの削減に繋がり，二度の円高圧力はオートメーション化による生産性向上・高品質製品群へのシフト・生産のグローバル化を促進し，イノベーションに繋がって日本という国の優位性を保った」ことを強調している。まさに「持たざること」は立派な資源になりうること，「困難は飛躍へのチャンス」であるということを，日本人が証明してきたことになる。

こうした分析に加え，ポーターは，日本産業の競争優位の決定要因のうちで最も重要なのは，日本国内の1億2千万人の質的要求度の高い市場の存在であり，それが日本の産業を鍛え，最新の技術や効率的な設備に投資させ，海外の市場で優位性を持つまでに成長させた要因であると見る。

日本は，こうした基本的強みを持っており，日本の消費者や取引先企業が望む高品質と優れたサービスを継続的に供給していく企業の姿勢は，日本の競争優位の源泉であり，世界に向けて発信されるべきものである。

またライカー他編著（2005）は，「日本企業の競争力の多くは，日々の職場の管理を形成する管理方針と管理方式や日本人が生産システムと呼ぶものに起因する」と述べている（p.3）。日本のグローバル企業は，こうした一連の経営・生産システムを厳密に実行したことで，大きな利益を享受していると評価する一方で，「多くのアメリカ企業は，好業績を挙げている企業ですら，秩序のない管理方針とその場限りの意思決定の下で生産を遂行している」と，厳しく指摘している。

そして藤本（2000）は，21世紀の日本の製造業に求められるのは，「戦略構想能力」と「モノ造り能力」を兼ね備えた「ダイナミックに学習する企

業」像であり，長期的な競争優位性を構築するには，「ストラテジー（戦略）」と「オペレーション」両面における強さであると説いている（p.351）。これは，我々の研究で取り上げたMBAモデルにおいても重視されているポイントであり，それを支えるのが，経営トップから作業者に至る人的資源のインテグリティである，と筆者は考える。

（3） 英国産業の盛衰から学ぶべきこと

筆者は，この1年英国に住んで内側から英国の現状を見て，鉄鋼や重工業など産業の衰退に伴う失業者の問題，難民受け入れとシリアへの軍事介入の問題ほか，多くの政治・経済・文化面での問題を抱えていることを知った。また，自動車産業にしても，インド系・日系・ドイツ系・米国系資本が大勢を占めて，ローカルプレーヤーが極端に少ない，いわゆるウインブルドン現象（今回はスコットランド出身の選手が優勝したが）が起こっていることを知った。また，EU離脱の是非をめぐって国民投票が行われ，移民に仕事を取られたとして政治不信を持つ低所得者層や，高齢者を中心とした保守層の「離脱派」が，ビジネスマンや若者を中心とする「残留派」を抑えて勝利した顛末を見る機会に恵まれた。

国民投票の結果が出た翌日6月25日のThe Times紙には，以下のような記事が掲載されていた。「Brexit shock waves shook Britain to its core yesterday, forcing David Cameron to resign, causing a slump in global markets heralding a break-up of the United Kingdom.」BrexitはBritain exit from EUの造語で，和訳すると，「英国のEU離脱決定ショックのうねりは，昨日キャメロン首相の辞任を強い，グローバル市場においてUKの崩壊の先触れとなるような暴落を引き起こすなど，英国の芯まで揺り動かした」という報道である。

実際，市場は英国経済の先行きを不安視する空気に覆われ，英国通貨ポンドの急落，世界の株式への影響等混乱の様相を呈した。EU離脱派と残留指示派との溝は政治家の確執につながり，後任人事の指名をめぐる混乱，EU

離脱までの2年間の移行をどう進めていくべきか，その先がどうなるのか，大きく揺れている。離脱に投票した人すら，このような事態になるとは予想していなかったと語り，国民投票のやり直しを求める多くの人々が，請願デモを行っている映像もテレビで流されていた。

こうした混乱を受けて，同紙の次ページには，作家のBill Brysonの写真と言葉が掲載されていた。「Britain used to be a more orderly and well-behaved society（Bill Bryson）」，つまり「英国はかつてもっと秩序を守り，分別ある振る舞いをする社会だった」と述懐しているのである（2016年6月25日 The times）。年配者が「昔の方がよかった」と顧みることは，どこの国にでもあることではあるが，かつて七つの海を支配した大英帝国が，今は「あるべき国のかたち」をいかにすべきかで揺らぎ，「英国人としての品格（Style）」を失ってきている，という思いがそこに投影されている。

英国に1年滞在する中で，列車の遅れやキャンセルが常態化している鉄道，配達時間の不明確な流通，同僚と無駄話をして客へのサービスがおろそかになっているレストランやホテル従業員，あくびをしている老舗デパート店員等，仕事に対する厳しさや「インテグリティ」が感じられない人々を多くみてきた。無論，英国にも笑顔で快いサービスを提供してくれる人々，きちっとした仕事をする企業も多くあり，逆に日本でも近年，仕事に対する厳しさや「インテグリティ」が感じられない人々も多くなってきていることも，事実である。

では，古きよき時代の大英帝国は，どのようなスタイルの国であったのであろうか。

ケンブリッジ大学図書館所蔵の1857年発行の文献に，以下のような記載があった。

Carfax（1857）*Constitutional Integrity of the British Empire*「大英帝国は，その品格や熱意，向上心や大志といった素養（element）徳目（virtue）を持った英国人によって支えられ，偉大で輝かしい栄誉に満ちている」。そして，この帝国が永遠に繁栄していくためには，「年老いた政治家やゴマすり人間，

使い古しの軍人を植民地の提督に送り込むのではなく，優れた市民，あるいは植民地の有意な人材をその任に充てるべきである」とするもので，「constitutional integrity（憲法で定められた規範）」についても言及している。

このように，産業力と海外植民地経営の富を背景として繁栄を誇った大英帝国は，日本が明治時代に，その議会民主主義に習って国創りをしてきたお手本の国である。また，英国は，日本と同じ島国で資源の乏しい国ながら，産業・経済・政治・文化・スポーツにおいて率先してルールを作り，世界の国をリードしてきた実績のある国である。これまでも，外資をうまく取り込んで高い国際競争力を維持してきた強かな国であり，日本が，良くも悪しくもこの国から学ぶべきことは多い。

(4) 日本的経営の強み

日本の産業界は，どうしたら品質の高い製品を経済的につくることができるかを真摯に学び，経営者と従業員が一体となって品質改善に取り組んだことによって，「質と生産性と競争力」を獲得してきたと言えよう。そして，その日本的経営を支えるのが，「和と協調」「チームワーク」という人的資源を尊重する人間主義的なマネジメントである。この考え方は，海外における日系製造企業にも移転され，効果を発揮していることがわかってきた。そして，競争優位性を持つ企業に共通しているのは，人的資源を活性化させ，人的資産価値を高めているところである。

1970年代，日本企業の強みの研究が米国を中心に行われ，その競争力の源泉は，単に進んだ生産技術や低賃金と長時間労働に由来するのでなく，品質を向上させる組織と人的資源の取り組みにある，ということが明らかにされてきた。そうした日本企業の強みは，欧米はじめ海外の主要拠点にも移転されている。

日本を代表する優良企業を分析した結果，共通しているのは，人的資源を尊重して，品質や生産性の向上を図ることによって優位性を築いている点で

あり，経営の軸足を海外にも構築するグローバル経営を実践しているということであった。そのグローバル経営の展開に際して重視されてきたのが，競争優位性の一つである品質確保のための生産システムの移転であり，その移転と定着に汗を流した「匠」と言われる日本人派遣者の存在であった[2]。「モノづくりの前に人づくり」「地球視野での人づくりと最適配置」という言葉に表わされているように，グローバル経営を支える人材や現地社員の育成こそが，最優先課題であるとする企業が多いこともわかった。

常に変化する市場や激化する競争の中で，企業がその組織目的を目指しながら繁栄していくためには，「組織の学習能力を高める」しかなく，企業の競争優位性をもたらすのは，「学び続ける真摯さ（Integrity）」である[3]。

Diamondハーバード・ビジネス・レビュー編集部編訳（2007）の中で野中は，「永続的な競争優位の源泉の一つとして企業が信ずべきものは知識である」として，大きく変化する市場，多様化する技術など，不確実性の渦巻く経営環境の中で成功する企業とは，新たな知識を学び，創造し，組織に広く浸透させていく「知識創造企業」である，と唱えている（p.3）。

そして，知識創造に成功しているホンダやキャノンなど，日本企業を分析した結果，知識創造のプロセスにおいてカギになるのは，「社員が企業とそのミッションについて意を一つにすること」であり，「企業の人的資源戦略の中核に据えられるべきアプローチ」である，という知見を示している（pp.6-8）。

こうした日本的アプローチは，従業員の帰属意識や自分の仕事に対する誇りを高め，その社会的欲求や自我の欲求の満足に貢献し，全体の士気を高めることに役立ってきたと言えよう。筆者が訪問したトヨタUKでも，現場において製品の質を高めていくという「現場主義」が徹底されていた。実際の作業現場で発生する問題の原因が探られ，改善され，能率と作業の質の向上が図られるのである。作業者は現場で尊重され，責任を持たされることで，より自由に動き，創造力，思考力などを発揮して職場の仲間と協働する強い組織がつくられる。日本型のリーン生産方式は，社員間の信頼や忠誠心を醸

成し，金銭的報酬では引き出せない心理的エネルギーを引き出し，イノベーションの創発にもつなげる効果を生み出すシステムとして，評価されている。

日本的経営の強みである現場主義，人間主義，平等主義そして長期的経営は，今後の日本企業経営においても活かされるべきであり，こうしたアプローチは日本企業の海外展開においても有効であると考えられる（渡辺，2015, p.187）。

本研究を進めていく中で，欧米の経営層と従業員の関係，そして，日本的経営における会社と社員の関係に，大きな差異があることに今さらながら気づき，その違いの大元は何かを考え続けてきた。そうした疑問にヒントを与えてくれたのが，野中他（2010）の『流れを経営する：持続的イノベーション企業の動態理論』である。要約すると，企業を単に利潤獲得の道具として扱う欧米型の企業観は，もはや限界が来ており，企業を知識創造の主体と捉え知識の創造活用により，主体的に変化しつつ持続可能な状態を作り出すマネジメントが必要である，と説く。そして，経験に学びつつ自らの主観や価値観に基づいて，新たな価値創造を能動的に行う人間と人間の知識を最も重要な経営資源と考える，「知識ベースの経営論」の考え方を提唱している[4]。渡辺（2015）は，日本企業の経営者は，「他国の経営者に比べて社会的使命をより強く意識し，社会的評価をより重視し，社会から尊敬されることをより強く望む傾向がある」こと，そうした経営者を従業員は尊敬の念をもって見，組織に対する帰属意識を高めて組織の統合が図れた，と指摘している（p.189）。このような日本型経営の，企業の社会的責任，グローバル・シティズンシップを重視するというアプローチは，グローバル企業に働く多様な社員にも受け入れられやすく，これが経営理念と共に組織構成員の絆を強化する接着剤（グルー）のような役割を果たすと期待される。

（5）イノベーションの創発

元橋（2014）は，18世紀後半に始まった産業革命から続く工業経済モデル

によって，日本の産業競争力は世界のトップレベルまで達したが，21世紀においてもその競争力を保ち続けるためには，サイエンス経済（知的生産活動を競争力の源泉とする経済）に対応したイノベーション戦略を取る必要性を説いている（p.236）。これは具体的には，英国で行われているような，大学と産業のコラボレーションによるイノベーションの創発という課題に，戦略的に取り組んでいくという考えである。日本は，世界でトップクラスの研究開発投資を行っており（GDP比3.6％，米国で2.9％），企業における研究開発への力の入れ方は欧米に比べても遜色ない。IMDの世界競争力でも，「科学インフラ」項目で日本は60カ国中2位と，世界トップレベルであり，政府の支援も得て，産学連携活動のさらなる展開を志向していくべきであろう。日本は海外で稼ぐ力を強化してきており，海外拠点からの所得収支の黒字は15兆円と，名目GDPの3％以上になっていることが，その実現性を裏付けている（p.263）。

そうした中で評価されているのが「科学技術」であり，ケンブリッジ大学の在外研究で感じたのは，その世界トップレベルの研究内容と，日本の国や大学そして企業の科学技術に対する支援の多様さである。元橋（2014）の「国全体としてイノベーション効率を上げるためには，大学などにおける研究成果を企業のイノベーションに活用すること，産学連携やオープンイノベーションを進めることが重要である」とする意見に，賛同するものである[5]。ケンブリッジ大学では，これまでに88人ものノーベル賞受賞者を輩出し，その大学の智を企業と連携して次のイノベーションにつなげる試みがなされてきた。日本の医薬品会社が，ケンブリッジ大学とコラボレーションし，産学連携の研究所で研究を続けている多くの若手研究者からそうした話を聴く機会があったが，イノベーションの創発には，こうしたアプローチが効果的であると考える。

(6) 日本的グローバル・オペレーションズ・マネジメント

これまで述べてきたことを踏まえて，今後の日本的グローバル・オペレー

ションズ・マネジメントに必要とされることを展望としてまとめる。

　日本の政府は，2007年の通商白書（pp.210-211）において，わが国が「貿易立国」と「投資立国」の両立を実現させるためには，対内直接投資や対外直接投資の拡大を通じた，新たな技術や経営ノウハウの獲得による生産性の向上など，従来以上にグローバル化の取り組みが必要になる，と述べている。こうしたグローバル化を活かした日本の生産性向上と投資立国実現の試みは，世界的な少子高齢化傾向の中にあって，「世界各国に対して新たな成長モデル」になり得るものである（『通商白書2006』pp.13-14）。外的環境の変化に対応し，構造変化をチャンスと捉え，グローバル経営によって「範囲の経済」と「規模の経済」のメリットを取り込み，生産性の向上を図ることは，日本産業にとって重要な基本戦略である。

　経営のグローバル化を図ることで，自社の優位性を発揮して地球規模での最適調達・生産・販売が可能になる。そして，世界で最も進んだ技術や情報，多様な人々のニーズを分析して，新たなイノベーションを生み出し，グローバル企業の全体最適を進めることができるメリットがある。こうしたグローバル化の展開は，自社の企業価値を増大させるだけでなく，日本および進出国の産業の生産性向上にも貢献することもわかってきた。

　トヨタグループのように，総合的質経営を志向している企業，特に人的資源を尊重している企業と，我々研究グループが中国・米国で調査したクオリティ・マネジメント（TQM）の実践によって高成果を示した企業グループとの間には，多くの共通点が見出された。本研究を通じて，グローバル経営を行っている日系製造企業のクオリティ・マネジメントの実践は，その事業成果に影響を与える可能性が高いことがわかってきた。特に，本論の理論的拠り所であるデミング理論や，人間関係論において唱えられてきた人間尊重の思想が重要であることが，知見として挙げられる。グローバル経営とクオリティ・マネジメントの重要性を反映した「日本的グローバル・オペレーションズ・マネジメント」の成功事例であるトヨタは，経営資源を海外に移転し，現地の環境に適応して競争優位性を拡大させてきた[6]。このように，

個々の事業の競争優位を生み出す方向に，自ら持てる経営資源を投入して活動を展開していくことが，今後のグローバル経営には一層必要とされる。

　こうした分析結果から見えてくる21世紀の日本のグローバル企業像は，「国際社会から信頼され，世界の人々や地域から敬愛されるグローバル市民」というイメージである。この企業像を実現するためには，企業の社会的責任や社会貢献，ステークホルダーとの良好な関係，コーポレートガバナンスの確立といった考え方を，グローバルベースに拡大させることが必要である。その際に，グローバル人材を強く結びつけるグローバル・グルー（接着剤）としての役割を担うのが，日本的経営の競争優位の源泉の一つとして挙げられる，ジャパン・クオリティ・マネジメントであると考える。

　宮川（2010）では，グローバル社員の資質と働く満足度を高めて経営の質も向上させ，グローバル社会の一員としての評価を重視すると言う意味で，グローバル・ソサイアティ・インまで拡げた第4世代のクオリティ・マネジメントとして，Universal Quality Management（UQM）という概念を示した。TQMが目指す「全体的」イメージが，会社や国内社会を基準としているのに対し，UQMの概念は，人種や国境を越えたグローバル社会の一員としての普遍性を持ち，国際競争力を高めるグローバル戦略をイメージするものと捉えたからである。

　またポーター（2002）が，競争優位の源泉を分析するための基礎概念として価値連鎖（Value chain）を提案したが，筆者はこの考えに依拠して，クオリティを核とする価値観の連鎖であるQuality Value Chainが，競争優位の源泉になるとする基礎概念を提唱した（宮川，2008）。政府は，『通商白書2015』にて，Global Value Chainの構築を促進するように導いているが，Quality Value Chainは，経営の質を重視するステークホルダーの連帯感を強め，国境を越えて形成されたグローバルネットワークの価値連鎖を結びつけるものと考える[7]。質を極めるという究極点志向や，チームワークを大切にする和の精神は，日本の文化風土から発しているが，Quality Value Chainの概念が「日本的グローバル・オペレーションズ・マネジメント」として，ま

(7) クオリティとインテグリティ

本書の第5章で述べたインテグリティの概念，特に「誠実でウソ偽りのない生き方であり，強い道義的（善悪の判断）行動規範を持つという特質」について，今少しわかりやすく説明しておきたい。

海外に滞在して日本の書を紐解く時，日本ではあまり感じなかったことを身近に実感することがある。新渡戸稲造の「武士道」[8]をケンブリッジにいて読み返していると，新渡戸が『武士道』執筆の十数年前（1893年以前），ベルギーの法学の大家，ド・ラブレー氏に，「日本の学校で宗教教育をしないのなら，どうやって道徳教育をするのですか」と質問されたが答えることができなかった，というくだりに考えさせられた。彼が，ド・ラヴレー氏や妻に，日本で行われている思想や習慣の理由や根拠をキチンと答えようとしたとき，「僕の中の善悪，正邪の概念を形成しているいろいろな要素を分析してみると，それは武士道から来ていることがわかった」と述懐している部分である。

十年ほど前，筆者がスタンフォード大学でリサーチを行っていた時，同じ研究室で机を並べていた研究者から「なぜ日本企業は高いクオリティの商品やサービスを継続的に提供できるのか，また何がそうさせているのか」と質問され，日本的経営やトヨタウェイに代表される考え方を説明したものの，「何がそうさせているのか」という問いについては，暗黙知としてはわかっていながら，明快な説明ができなかった。やがて，日系製造企業から得られたデータや寄せられたコメントを集計し分析してみると，生産性とクオリティの高い企業は，経営層から現場の作業者まで人的資源の参画度が高く，高い意識を持って真摯に（インテグリティ）継続的に改善を実践していることに気づき，インテグリティがそれを支えているのではないか，と考えるよう

になったのである。

　インテグリティとは，誠実でウソ偽りのない生き方であり，強い道義的（善悪の判断）行動規範を持つという特質である。

　Integrity="the quality of being honest and having strong moral principles"（Oxford Advanced Learner's Dictionary）。

　そうした背景もあり，今回 2016 年度欧州調査では，質問票に特に Quality と Integrity についての質問欄を設け，自由にコメントを記入してもらえるよう修正を加えた。その結果，そのインテグリティは，日本人だけではなく，その経営・生産システムを移転した先の異国の土壌にも根付き，その国の従業員にも浸透するものであることを，今回の調査を通じて確信したのである。新渡戸は，「日本語の武士道には，英語の chivalry つまり horsemanship 騎士道よりも深い意味がある」として，それは「高貴なる者の責務（ノーブレス・オブリージュ）」であり，「武士たちの心の内面に刻まれた強い行動規範なのである」と語っている（pp.90-92）。この解釈が，インテグリティの定義にある「強い道義的（善悪の判断）行動規範」に実に近いのである。

　新渡戸は，「武士道が道徳史に占める地位は，イギリス憲法が政治史に占める地位に匹敵する。イギリスにはマグナカルタや人身保護令があるが，武士道には成文法はない。」と述べている。また彼は，国家が持つべき高い道義（p.95）として，トーマス・ヒューズの小説の一節を挙げている。「小さな子供をいじめず，大きな子供に背中を向けない男の子だったという評判を残したい」というイギリス少年の願い，その思いこそ「イギリスが偉大な国家を建設する礎であった」とし，「武士道が礎石とするものも，これと同じものである」と明言している。

　欧米社会で一般的に言われる，strong moral principles の代表的原理原則は，キリスト教の教えであり，バイブルに書かれた形式知化された教義および，伝統的教会の持つ厳かな雰囲気に代表される暗黙知であると考えられる[9]。今回の我々の調査において，在英国日系製造企業の英人責任者から，

Integrity とは,「Bad news first（悪い知らせこそ第一に）の精神である」というコメントを得たが，これも道義的行動規範の重要性が社内で徹底されていることの証左であろう。

　日本的生産システムも，多くは暗黙知であったが，現在では企業理念，行動基準，マニュアルや作業標準といった文書化，形式知化がなされ，日本人以外の社員にも移転可能になった。トヨタ自動車の経営トップは，経営判断に迷った時に，トヨタの strong moral principle を修めた「豊田綱領」に照らして行動を決するという。そして英国トヨタの工場を案内していただいた際に，随所にトヨタ生産方式が展開されているのを見て，その原理原則は英国の地にも移植されて立派に根を張っている，という確信を得た次第である。

　日本的経営における継続的改善は，武士道における「道を極める」という，究極点志向に通じるものであると筆者は考える。

　終わりにあたって，本書で説いてきたインテグリティの大切さを再認識させる言葉を記したい。

　ケンブリッジの Great St. Mary Church で入手した，2002 年 Helen Exley の手で編集された小冊子『The Value of Integrity「インテグリティ（誠実さ・真摯さ）の価値」』には，いくつかの心惹かれる箴言が収められている。

＊When a government lose its integrity the times are dangerous.

When the populace accept the loss the times are desperate.

「政府がそのインテグリティ（誠実さ）を失う時，その政治は危うくなる。もし民衆がその失政を受けいれる時，その時代は絶望的になる。」
この言葉の「政府」を「経営者」に置き換えれば，「経営者がインテグリティ（誠実さ）を失う時，その会社は危うくなる。もし社員がその失政を受けいれる時，その会社は絶望的になる」と理解できる。

＊Civilization itself is founded on integrity of mind and heart and action.

「文明そのものが，精神や心や行動のインテグリティ（誠実さ）の上に成り立っている」（Pan Brow の言葉）。これも文明を「企業文化」と理解すれば，第6章で紹介したように，社員一人ひとりが強い倫理的原理原則を持ち，誠実に真摯に行動することで，優れた企業文化や組織能力が形成されていく，という考え方につながる。

＊そして最後に，心に響く言葉を紹介したい。
Integrity rings like fine glass. True, clear and reassuring.
「インテグリティは，純粋で澄んでいて，そして安心させる上質なガラスの鈴のように響き渡るものである」。それだけ，インテグリティというのは，壊れやすく，扱いに慎重を期さなければならないものである，という意味が込められている。

英語の Style スタイルには，行動様式の他に気品や品格という意味があり，British Style という言葉には，「英国風」という意味の他に「英国の品格」というものが含まれている。また，quality という英語にも上流・良質という意味が含まれている（a man of quality とは名門の出の人を意味する）。本書で取り上げた Japan Quality についても，Japan as a country of quality「品格のある国日本」の上質な品やサービスという意味を含むものと理解したい。その意味で，Japan Quality を支える Japan Integrity の重要性を強調して結びとしたい。

（注）
1) 影山（2005）は，「1970年代における日本車の躍進が，自動車産業における国際化と世界における産業秩序の大きな転換を招くこととなった」と結論づけている（pp.154-168）。米国自動車産業による日本生産方式の模倣とは，日本車に匹敵する本格的な小型車の製造，従業員の意識改革（製造現場の重視・部品調達の合理化・組織改革），そして事業の統合化を含む経営戦略の改革を指す。
2) 日本企業の海外現地法人には，本社からの海外派遣者を介して，経営方式・生産システムの国際移転が図られ，定着徹底努力が行われてきた。こうしたグローバル経営を展開する企業努力の積み重ねが，その企業の競争優位性とその生産性を向上

させ，進出先の産業の活性化・品質レベルの向上という貢献をも果たしてきた。
3) Diamond ハーバード・ビジネス・レビュー編集部編訳（2007）によれば，1970 年代終わりにハーバード大学のクリス・アージリス教授によって「学習する組織」という概念が提唱され，IMT のピーター・センゲによる概念の体系化を経て，現在では組織学習のマネジメントは，心理学，社会学等複数の学問領域を巻き込んで研究され，経営の中心課題になりつつある。そして，本来の学習とは，「環境の変化に対応して新たな知識，技術，行動，思考，態度，価値観，世界観，理想を自ら獲得したり創出したりすること」であると定義し，「価値ある知識とは，個人の真摯な洞察や直感を組織全体で有効利用するプロセスから生成される」とまとめている（p.1）。
4) 野中他（2010）は，「組織においては，個人間や組織との関係の中で多くの人の思考と行動が綜合され，新たな知識が創造される」こと，そして，これらの知識は，さらに次の新たな知識を創造する土台となり，スパイラル活動として繰り返されていく，というプロセスを SECI モデルとして説明している（pp.23-42）。SECI モデルは，暗黙知と形式知の継続的な相互変換は，「共同化 Socialization」「表出化（Externalization）」「連結化（Combination）」「内面化（Internalization）」という四つの変換モードからなる知識創造モデルを意味する。日本の製造企業においては，こうした暗黙知も表出化，共同化され，組織の中に新たな価値が蓄積されている例が多く見られる。暗黙知は，「熟練，ノウハウなどの行動スキル，そして思いやメンタルモデル，視点といった思考スキル」を指し，言葉でうまく言い表すことができない知識である。また，形式知は，「明示的な知であり，言葉や文章，絵や数値などにより表現が可能な形式的，論理的言語によって伝達可能な知識」である（p.24）。
5) 元橋（2014）は，サイエンス経済において必要とされる人材は，「科学的な知見を有する専門家と，事業化を実践する事業部門を結びつけるブリッジ人材」であると述べている。日本の国として，産業として，こうした人材を組織的に継続的に育成していくことが，今後の課題である（p.71）。
6) トヨタは，2015 年度決算（2016 年 3 月）で，2 兆 8,539 億円の営業利益連結売上 28 兆 4,030 億の 2 年連続で過去最高を更新。自動車の販売台数においても 2012 年〜2015 年の 4 年連続で世界一の座を維持している。
7) いずれも，宮川（2008, pp.176-177）を参照願いたい。
8) 新渡戸（2012）。
9) 筆者は，新渡戸と同じ岩手県盛岡市，旧南部藩の武士の家系に生まれ，武士の子としての教育を受けた祖父や大伯父の背中をみてきたことから，武士道の形式知化され得ない暗黙知をよく理解できるひとりである。東北の封建的な雰囲気の中で幼年期を過ごした彼が，儒教や仏教の教えや暗黙知による影響を受けていたことは容易に想像がつく。しかし，キリスト教徒となった新渡戸が，仏教的影響を口にすることは憚れたはずで，「善悪，正邪の概念を形成している」strong moral principles は，「武士道」であるとの結論に落ち着いたものと理解する。

参考文献

〈邦文文献〉

アージリス，C.［伊吹山太郎・中村実訳］（1978）『組織とパーソナリティ』日本能率協会。
IMD インターナショナル，ロンドン・ビジネススクール，ペンシルバニア大学ウォートン・スクール［清水誠之訳］（2000）『オペレーション』ダイヤモンド社。
相賀徹夫編（1990）『日本大百科全書』小学館，7 巻 p.377，12 巻 pp.61-62，11 巻 p.506。
赤羽新太郎・夏目啓二・日高克平編著（2009）『グローバリゼーションと経営学：21 世紀における BRICs の台頭』ミネルヴァ書房，p.3。
アベグレン，ジェームス・C.［山岡洋一 訳］（2004）『新・日本の経営』日本経済新聞社。
安保哲夫他（1991）『アメリカに生きる日本的生産システム：現地工場の「適用」と「適応」』東洋経済新報社。
安保哲夫編著（1999）『日本的経営・生産システムとアメリカ：システムの国際移転とハイブリッド化』ミネルヴァ書房。
石川馨（1981）『日本的品質管理：TQC とは何か』日科技連出版社，pp.3-8，pp.26-27，p.76。
板垣博編著（1997）『日本的経営・生産システムと東アジア：台湾・韓国・中国におけるハイブリッド工場』ミネルヴァ書房，pp.4-5，pp.293-305。
伊丹敬之（1992）『人本主義企業』筑摩書房（ちくま学芸文庫）。
伊藤要蔵（2004）『グローバル競争に勝ち抜く戦略：技術力＆マネジメント力革新で最強のコア・コンピタンス創り』日科技連出版社，pp.20-75。
伊藤嘉博（1999）『品質コストマネジメント：品質管理と原価管理の融合』中央経済社。
井上裕務編（2015）『インダストリー 4.0 の衝撃』（洋泉社 MOOK）洋泉社。
今村龍之助（2008）『ドラッカーとトヨタ式経営：成功する企業には変わらぬ基本原則がある』ダイヤモンド社。
ウォルトン，メアリー［石川馨監訳］（1987）『デミング式経営：QC 経営の原点に何を学ぶか』プレジデント社，pp.19-23。
苑志佳（2001）『中国に生きる日米生産システム：半導体生産システムの国際移転の比較分析』東京大学出版会，pp.142-145。

苑志佳編（2006）『中東欧の日系ハイブリッド工場：拡大 EU に向かう移行経済における日系企業』東洋経済新報社。
大沢豊他（1982）『現代経営学 5　組織の中の人間行動：組織行動論のすすめ』有斐閣。
大薗恵美・清水紀彦・竹内弘高（2008）『トヨタの知識創造経営：矛盾と衝突の経営モデル』日本経済新聞出版社。
長田洋（1996）『TQM 時代の戦略的方針管理』日科技連出版社，pp.2-6。
長田洋編著，日本科学技術連盟「企業の品質経営度」調査企画委員会編（2010）『ものづくり日本の品質力：「企業の品質経営度」調査に見る現状と課題』日科技連出版社。
カーネギー協会編［原一男訳］（2000）『人を生かす組織：D. カーネギー』創元社。
郝（カク）燕書（1999）『中国の経済発展と日本的生産システム：テレビ産業における技術移転と形成』ミネルヴァ書房，pp37-45。
影山僖一（2005）『トヨタシステムと国際戦略：組織と制度改革の展望』ミネルヴァ書房，p26-30。
加護野忠男（1997）『日本型経営の復権：「ものづくり」の精神がアジアを変える』PHP 研究所，p43。
粕谷誠（2012）『ものづくり日本経営史：江戸時代から現代まで』名古屋大学出版会，p6。
金井壽宏編著（2010）『人勢塾：ポジティブ心理学が人と組織を鍛える』小学館。
金子勇・松本洸編著（1986）『クオリティ・オブ・ライフ：現代社会を知る』福村出版。
河村哲二編（2005）『グローバル経済下のアメリカ日系工場』東洋経済新報社，pp.167-185・p.377。
久米均（2005）『品質経営入門』日科技連出版社，pp.3-5。
公文博・安保哲夫編著（2005）『日本型経営・生産システムと EU：ハイブリッド工場の比較分析』ミネルヴァ書房。
クラウド，ヘンリー（2010）［中嶋秀隆訳］『リーダーの人間力：人徳を備えるための 6 つの資質』日本能率協会マネジメントセンター，p44。
経済企画庁総合計画局編（1997）『進むグローバリゼーションと 21 世紀経済の課題：経済審議会 21 世紀世界経済委員会報告書』政府刊行物（大蔵省印刷局）。
経済産業省編（2006）『通商白書 2006』ぎょうせい。
経済産業省編（2007）『通商白書 2007』時事画報社，p.211。
経済産業省編（2015）『通商白書 2015』勝美印刷。
経済産業省編（2016）『通商白書 2016』勝美印刷。
「財界」編集部編著（2005）『君の行く道は無限に開かれている：21 世紀の若者

たちへ：いま，松下幸之助精神に学ぶ』財界研究所。
佐藤憲正編著（2005）『国際経営論：グローバル化時代とニューアジア経営の展望』学文社，pp.102-103。
ジェトロ（日本貿易振興機構）編（2015）『ジェトロ世界貿易投資報告2015年版』日本貿易振興機構。
ジェトロ（日本貿易振興機構）編（2016）『ジェトロ世界貿易投資報告2016年版』日本貿易振興機構。
島井哲志（2009）『ポジティブ心理学入門：幸せを呼ぶ生き方』星和書店。
鈴木秀一編（2006）『企業組織とグローバル化』世界思想社。
セリグマン，マーティン［小林裕子訳］（2009）『世界でひとつだけの幸せ：ポジティブ心理学が教えてくれる満ち足りた人生』アスペクト。
Diamondハーバード・ビジネス・レビュー編集部編訳（2007）『組織能力の経営論：学び続ける企業のベスト・プラクティス』ダイヤモンド社。
ダートウゾス，マイケル・L.他著［依田直也訳］（1990）『Made in America：アメリカ再生のための米日欧産業比較』草思社，pp.112-113, p.236。
滝沢村役場（2007）『2006年度　経営品質報告書［要約版］』日本経営品質賞委員会。
チクセントミハイ，M.［今村浩明訳］（2009）『フロー体験喜びの現象学』世界思想社。
TQM委員会編著（1998）『TQM―21世紀の総合「質」経営』日科技連出版社，p.34, pp.48-57。
寺本義也・岩崎尚人編著（2006）『経営戦略論』学文社，pp.17-23。
東洋経済新報社編（2007）『海外進出企業総覧2007年版』〈会社別編〉〈国別編〉週刊東洋経済臨時増刊。
東洋経済新報社編（2015）『海外進出企業総覧（2015年版）』〈会社別編〉〈国別編〉週刊東洋経済臨時増刊。
ドラッカー，P.F.［上田惇生編訳］（2001）『マネジメント：基本と原則』ダイヤモンド社。
ドラッカー，P.F.［上田惇生訳］（2008）『マネジメント：課題，責任，実践（上）』ダイヤモンド社。
内閣府編（2014）『経済財政白書（平成26年版)』日経印刷。
中西昌（2006）『マネジメントの心理学』日科技連出版社。
西賢祐・伊禮恒孝・志村健一（1993）『日本的クオリティ・マネジメント：経営・品質・統計の総合化』中央経済社，pp.20-27。
新渡戸稲造・実業之日本社編（2012）『武士道と修養：折れぬ心を欲する者へ』実業乃日本社。
日本能率協会編（2009）『働く人の喜びを生み出す会社：潜在能力の組織的発揮：「働く人の喜び」を中心に据えた経営を目指す』日本能率協会マネジ

メントセンター。
野中郁次郎監修・東京電力技術開発研究所ヒューマンファクターグループ編（2009）『組織は人なり』ナカニシヤ出版。
野中郁次郎・遠山亮子・平田透（2010）『流れを経営する：持続的イノベーション企業の動態理論』東洋経済新報社。
野村総合研究所（2008）『モチベーション企業の研究：「働く野生」を引き出す組織デザイン』東洋経済新報社。
バートレット，C.A. & ゴシャール，S.［吉原英樹監訳］（1990）『地球市場時代の企業戦略：トランスナショナル・マネジメントの構築』日本経済新聞社。
Harvard Business Review 編［Diamond ハーバード・ビジネス・レビュー編集部訳］（2001）『経営戦略論』ダイヤモンド社，pp.58-74。
バグワティ，ジャグディシュ［鈴木主税・桃井緑美子訳］（2005）『グローバリゼーションを擁護する』日本経済新聞社。
ハント，ダニエル［小林薫訳］（1997）『「超」品質：21世紀の波クオリテイ・ファースト』西村書店，p.7。
ピーターソン，クリストファー［宇野カオリ訳］（2010）『実践入門ポジティブ・サイコロジー：「よい生き方」を科学的に考える方法』春秋社。
日向野智子（2010）「組織内のポジティブな人間関係」至文堂編『現代のエスプリ』No.512，pp.130-140。
日野三十四（2002）『トヨタ経営システムの研究』ダイヤモンド社，pp.112-125。
ヒュウ，アーネスト（Huge, Ernest C.）& アンダーソン，アラン（Anderson, Alan D.）［小林薫訳］（1995）『かくして日米製造業は再逆転した：米国競争力を甦らせた"日本"研究』日刊工業新聞社。
藤本隆宏（2000）「20世紀の日本型生産システム」『一橋ビジネスレビュー』。
藤本隆宏（2001）『生産マネジメント入門1』日本経済新聞社，pp.78-91。
藤本隆宏（2015）「トヨタ！　進撃再開」『週刊東洋経済』5月2日・9日合併号，pp.84-85。
ポーター，M.E.［土岐坤他］（1992）『国の競争優位（上）・（下）』ダイヤモンド社，pp.10-32。
ポーター，M.E.［土岐坤他］（2002）『競争優位の戦略：いかに高業績を持続させるか』ダイヤモンド社，pp.15-17。
堀毛一也編（2010）『ポジティブ心理学の展開：「強み」とは何か，それをどう伸ばせるか』ぎょうせい，pp.5-6。
マスロー，A.H.［上田吉一訳］（1964）『完全なる人間：魂のめざすもの』誠信書房。
マスロー，A.H.［早坂泰次郎訳］（1971a）『可能性の心理学』川島書店。
マズロー，A.H.［小口忠彦監訳］（1971b）『人間性の心理学』産業能率短期大学

出版部。
マスロー，A.H.［上田吉一訳］（1989）『人間性の最高価値』誠信書房。
マズロー，A.H.［金井壽宏監訳・大川修二訳］（2007）『完全なる経営』日本経済新聞社。
三井逸友編著（1999）『日本的生産システムの評価と展望：国際化と技術・労働・企業構造』ミネルヴァ書房。
三菱総合研究所編（2000）『中国進出企業一覧 2001 − 2002 年版』蒼蒼社。
三菱総合研究所編著（2014）『フロネシス（Phronesis）：三菱総研の総合未来読本 11　ジャパン・クオリティ究極のこだわりは世界に通用するか』丸善プラネット（丸善出版）。
宮川正裕・吉田耕作（2004）「グローバル事業経営とクオリティ・マネジメント―在中国日系製造企業における TQM 実践と成果検証」名古屋大学大学院経済研究科編『経済科学』第 52 巻第 2 号，pp.61-79。
宮川正裕（2008）『グローバル経営と戦略的クオリティ・マネジメント―日本発のグローバル・オペレーションズ・マネジメント―』同文舘出版。
宮川正裕（2010）『組織と人材開発』税務経理協会。
宮川正裕（2011）「ポジティブ心理学と人間主義的マネジメント―21 世紀の「人と組織のマネジメント」に関する考察―」『中京ビジネスレビュー』第 7 号 3 月。
宮川正裕・中川利文（2014）「VOICE モデルの実践による『自走組織』への変革」『中京ビジネスレビュー』第 10 号 3 月。
茂木健一郎（1997）『脳とクオリア：なぜ脳に心が生まれるのか』日経サイエンス社。
持本志行（1998）『価値生産の方法：戦略経営と TQM』白桃書房，pp.86-88。
元橋一之（2014）『日はまた高く 産業競争力の再生』日本経済新聞出版社，pp.64-66。
ライカー，ジェフリー・K.［稲垣公夫訳］（2006）『ザ・トヨタウェイ（上）』日経 BP 社，pp.9-13, p.65。
ライカー，ジェフリー・K.［稲垣公夫訳］（2007）『ザ・トヨタウェイ（下）』日経 BP 社，p.29。
ライカー，ジェフリー・K.／フルーイン，W. マーク／アドラー，ポール・S. 編著［林正樹監訳］（2005）『リメイド・イン・アメリカ：日本的経営システムの再文脈化』中央大学出版部。
ライカー，ジェフリー・K. ＆フランツ，ジェイムズ・K.（2012a）「トヨタ経営大全③問題解決（上）」日経 BP 社，pp.4-35。
ライカー，ジェフリー・K. ＆フランツ，ジェイムズ・K.（2012b）「トヨタ経営大全③問題解決（下）」日経 BP 社，pp.10-13。
安室憲一編著（2007）『新グローバル経営論』白桃書房，p.18。

山崎清・竹田志郎編（1993）『テキストブック国際経営〔新版〕』有斐閣。
吉川弘之監修／日本インダストリアル・パフォーマンス委員会編（1994）『メイド・イン・ジャパン：日本製造業変革への指針』ダイヤモンド社，pp.19-33。
吉田耕作（2000）『国際競争力の再生：Joy of work から始める TQM のすすめ：なぜ日米の国際競争力が逆転したのか』日科技連出版社，pp.20-28，pp.61-102，pp.143-145。
吉田耕作（2005）『ジョイ・オブ・ワーク：組織再生のマネジメント』日経BP社，pp.12-18，pp.171-179。
吉原英樹他（1988）『日本企業のグローバル経営』東洋経済新報社。
若松義人（2007）『トヨタ式カイゼン入門：基本からやさしくわかる「人づくりモノづくり」』ダイヤモンド社，p.71，p.157。
渡辺聰子（2015）『グローバル化の中の日本型経営：ポスト市場主義の挑戦』同文舘出版。

〈英語文献〉

Alcock, Sir Rutherford (1863) *The capital of the tycoon* 上・下 *a narrative of a Three year's residence in Japan, We read one own past in Japanese history*, Longman, Robers & Green, p83.

Aormina, Robert J. (2013) "Maslow and the Motivation Hierarchy : Measuring Satisfaction of the Needs," *American Journal of Psychology*.

Bratton, John (1992) *Japanization at Work,* The Macimillan Press.

Charron, Elsie (2004) *Work and Employment Relations in the Automobile Industry*, Palgrave Macmillan, pp286-287.

Church, Roy (1995) *The rise and decline of the British motor industry,* Cambridge University Press, p68.

Deming, W. Edwards (1986) *Out of Crisis : quality, productivity, and competitive position,* Cambridge University Press, pp.18-90.

Dore, Ronald Philip (1973) *British Factory - Japanese factory, The origins of national diversity in industrial relations.*

Douglas, Thomas J., et al. (2001) "Total quality management implementation and competitive advantage: The role of structural control and exploration", *Academy of Management Journal.*

Duand, Jean-Pierre (1999) *Teamwork in the Automobile Industry,* Antony Rowe Ltd, p.2.

Evans, James R. (1997) "Critical Linkages in the Baldrige Award Criteria: Research Models and Educational Challenges", *QMJ* 97 5, No.1.

Juran, J.M. and Frank Gryna (1993) *Quality Planning and Analysis*, McGraw-Hill, p.115.

Krajewski, L.J., et al. (2002) *Operations Management strategy and analysis,* Prentice-Hall International, Inc. pp.242-246.

Meredith, Jack, et al. (2002) *Operations Management for MBAs,* John Wiley & Sons, Inc.

Moody, Kim (1997) *Workers in a Lean World,* Unions in the International Economy Verso U.K., p103, p290.

Nahmias, Steven (2005) *Production and Operations, Analysis,* McGraw-Hill Irwin., p.612.

Oliver, Nick and Barry Wilkinson (1988) *The Japanization of British industry* Oxford and New York, Blackwell, pp.144-252.

Oliver, Nick (2002) *Lean Production and Manufacturing Performance Improvement in Japan,* The UK and US,1994-2001.

Pannirselvam, Gertrude P., et al. (1998) "Validation of the Arizona Governor's Quality Award criteria:a test of the Baldrige criteria", *Journal of Operations Management,* 16.

Raghunathan, T.S., et al. (1997) *A comparative study of quality practices: USA, China and India,* Industrial Management & Data Systems.

Stephen, George (2002) *How Quality plays on Wall Street* , Quality Progress, pp.32-37.

Sun, Hongyi, et al. (2000) "An empirical study on quality management practices in Shanghai manufacturing industries", *Total Quality Management.*

Whisler, Timothy R. (1998) *The British Motor Industry 1945-1994, A Case Study in Industrial Decline,* Oxford University Press.

Wright, Martyn (2000) *Managing Competitive Crisis,* Cambridge University Press.

Yoshida, Kosaku (1993) "The Joy of Work: Optimizing service Quality through Education and Training," *Quality Progress* ,Vol.26, No.11.

Yoshida, Kosaku (1995) "Revisiting Deming's 14 Points in Light of Japanese Business Practices," *Quality management Journal,* Vol.3, No.1.

Yu, Chen-Sheng, Daniel S. Cochran and Barbara Spencer. (1998) "Quality Management Practices in China," *Quality management Journal,*Vol.5, No.2.

和文索引

【あ行】

アダム・スミス 167
暗黙知 181
生きがい 153,155
イノベーション 169,170,175
イノベーション・アプローチ 148
イノベーション戦略 176
インターナショナル型企業 18
インテグリティ 116,117,120-126,171,179
英国病 63,71
エプソン 115
エンパワーメント・アプローチ 148
オーナーシップ 94
オペレーション 171
オペレーションズ・マネジメント 35,117,131
オポチュニティ・アプローチ 147

【か行】

外因性モチベーション 144,146
海外事業 24
海外生産拠点 110
価格戦略 131
科学的経営管理 142
学習する組織 129
環境適応戦略 73
企業文化 182
企業理念 181
帰属意識 174
規模の経済 20,177
究極点志向 125,178,181
求道精神 115
競争優位性 36,69-78,173
クオリティ 39,126
クオリティ・マネジメント 38-42,91,114,119,177
クオリティ・リーディング・カントリー 110
国の競争優位性 169

グローバリゼーション 11,168
グローバル・オペレーションズ・マネジメント 4,36,37
グローバル・グルー 178
グローバル・シティズンシップ 175
グローバル・バリュー・チェーン 16,27
グローバル化 12
グローバル型企業 18
グローバル企業 12,16,36,37
グローバル競争戦略 36
グローバル経営 18,110,174,177
グローバル経営戦略 19,21
グローバル経営力 4,12
グローバル市場 18
グローバルネットワーク 178
経営管理論 144
経営資源 37,148,177
経営心理学 143
経営組織論 144
形式知化 181
継続的改善 76,78,102,181
欠乏欲求 159
現地・現物 124
現場主義 174
原理原則 114,123,128
5S活動 137
国際競争力 28,42,47,73
国際事業ネットワーク 21
国際分業 167
国際分業体制 21
国富論 167
コミュニケーション・アプローチ 148
個を活かす組織 148

【さ行】

最適地生産 19,20,38
最適地調達 19,20,38
サポーティング・インダストリー 19,52
自己実現 145,146,157
自己実現欲求 125,147

仕事に対する意味欲求 ………… 146
市場戦略 ……………………… 131
質 …………………………… 92, 127
　──と生産性と競争力 …… 43, 45, 173
ジャパナイゼーション ……… 28, 65, 69-75
ジャパン・インテグリティ ……… 141
ジャパン・クオリティ
　………………… 109, 111, 115-117, 121, 125
ジャパン・クオリティ・マネジメント
　…………………………… 119, 153, 178
従業員満足 …………………… 155
自由貿易 ……………………… 167
小集団活動 ……………………… 73
承認欲求 ……………………… 147
商品戦略 ……………………… 131
ジョブ・ローテーション ……… 73, 75
人材マネジメント ……………… 155
真摯さ ………………………… 127
真摯な取組み …………………… 92
人的資源 …………………… 148, 173
人的資源管理論 ……………… 144
人本主義 ……………………… 140
裾野産業 ………………………… 19
ストラテジー ………………… 171
生産性の向上 ………………… 177
成長・上昇欲求 ……………… 146
成長欲求 ……………………… 159
世界の工場 ……………… 15, 104
全体最適 ……………………… 177
戦略的環境適用 ………………… 28
戦略的クオリティ・マネジメント …… 44
戦略的人的資源管理 ………… 150
戦略的人的資源管理論 ……… 159
創造性発揮欲求 ……………… 147
組織学習 ………………………… 37
組織行動論 ……………… 143, 145, 155
組織能力 ………………… 129, 182

【た行】

対外直接投資 …………… 14, 22, 177
対内直接投資 ………………… 177
匠の技 ………………………… 127
多国籍企業 ……………………… 12
チームワーク ……………… 173, 178
知識創造企業 ………………… 174
知識創造経営 ………………… 140

長期的経営 …………………… 175
提案制度 ……………………… 73
適用と適応 ………………… 27, 29
デマケーション ……………… 70
デミング賞 …………… 38, 40, 112
デミング理論 ……………… 43, 177
デンソー ……………………… 103
動機づけ ……………………… 130
動機づけ理論 ……………… 140, 144
投資立国 …………………… 12, 177
トヨタウェイ ……… 113, 114, 123, 128-130
トヨタ式経営 ………………… 149
トヨタ自動車 …… 36, 78, 112, 122, 128
トヨタ生産システム …………… 71
トヨタ生産方式 ……… 102, 123, 130
トランスナショナル型企業 ……… 18

【な行】

内因性モチベーション …… 144, 146
内的モチベーション …………… 153
日本型経営 …………………… 158
日本的経営システム …… 26, 69, 70, 72, 73
日本的生産システム ……… 26, 110
日本的品質管理方式 …………… 28
日本的品質経営 …………… 110, 112
日本の品質力 ………………… 111
人間学 ………………………… 142
人間関係論 ……………… 142, 177
人間主義 ……………………… 175
人間主義心理学 …………… 144, 146
人間主義的経営 ……………… 139
人間主義的マネジメント …… 142, 150, 156

【は行】

働きがい ……………………… 155
パックス・アメリカーナ ……… 15
パックス・ブリタニカ ………… 14
バリュー・アプローチ ………… 147
範囲の経済 …………………… 20, 177
人と組織のマネジメント …… 141, 150, 157
人の意欲 ……………………… 143
人の活性化 …………………… 155
平等主義 ……………………… 175
品質競争力 …………………… 26
品質経営 ……………… 47, 113, 114
武士道 ………………………… 179

富士フイルム	115	モチベーション	140, 143
フロー体験	152, 153	モチベーション・リスク・マネジメント	156
フローモデル	152	モチベーション(理)論	124, 143-145
フロー理論	151		
プロセス・マネジメント	112		

【や行】

プロモーション戦略	131	やりがい	153
米国病	71	ユニオン	64, 75
ベストプラクティス	9, 112	欲求階層説	158
貿易立国	12, 177		

【ら行】

方針管理	113, 129	リーダーシップ	112
ボーダーレス	168	リーン生産システム	75, 169
保護主義	167	リーン生産方式	69, 71, 72, 130
ポジティブ経営心理学	154	倫理的(原理)原則	122, 127, 128, 141
ポジティブ心理学	150, 153, 155		

【ま行】

【わ行】

マズロー	145, 154, 156	ワーク・ライフバランス	144, 148
マネジメント	142	和と協調	173
マルチナショナル型企業	18		

欧文索引

British disease	71	PDCA	78, 113
ES	155	principle	123
EU 離脱	66, 105, 106	QC サークル	113
Global Value Chain	3, 13, 16, 178	Quality	92, 127
Global Value Network	6	Quality Value Chain	178
Humanistic Management	142	Total Quality Management	42
Integrity	92, 120, 127	TOYOTA WAY	37
Japan Integrity	182	TPS	71
Japan Quality	182	TQM	42, 49, 53, 86
MB 賞モデル	43, 48, 49	TQM 実施策	84
MNE	12	TQM 成果	84, 89
moral principles	127	Universal Quality Management	178
Multi National Enterprise	12	VOICE モデル	146, 147, 148, 149
organizational behavior	143	well-being	160

［著者紹介］

宮川　正裕　（みやがわ・まさひろ）

略歴
　　1949 年　岩手県に生まれる
　　1973 年　青山学院大学卒業と同時に，伊藤忠商事株式会社入社
　　2001 年　青山学院大学大学院国際政治経済研究科修了（修士〈MBA〉）
　　2004 年　青山学院大学大学院国際マネジメント研究科博士後期課程修了
　　　　　　博士〈国際経営学〉
　　2005 年　青山学院大学専門職大学院兼任講師
　　　　　　クオリティ・サクセス研究所　代表取締役
　　2006 年　中京大学総合政策学部教授（現在に至る）

主要著作
　『グローバル経営と戦略的クオリティ・マネジメント』同文舘出版，2008 年。
　『組織と人材開発』税務経理協会，2010 年。
　『復興は人づくりから』（共著）いわて高等教育コンソーシアム，2013 年。
　（論文）
　「グローバル事業経営とクオリティ・マネジメント」名古屋大学経済学研究科
　　　発行『経済科学』Vol.52-2，2004 年。
　"An Empirical study of TQM Practices in Japanese owned Manufacturers in China", *International Journal of Quality & Reliability Management*, 2005.
　"Comparing Quality Management Practices in Hong Kong-owned and Japan-owned Manufacturing firms in Mainland China", *Total Quality Management*, 2006.
　"TQM Practices of Japanese-owned Manufacturers in the USA and China", *International Journal of Quality & Reliability Management*, 2010.
　「ポジティブ心理学と人間主義的マネジメント」『中京ビジネスレビュー』
　　　Vol.7，2011 年。
　「VOICE モデルの実践による『自走する組織』への変革」『中京ビジネスレビュー』Vol.10，2014 年。

平成29年3月25日　初 版 発 行	《検印省略》 略称：日本的グローバル

日本的グローバル・オペレーションズ・マネジメント
―ジャパン・クオリティを支える強いインテグリティ―

著　者　　Ⓒ宮　川　正　裕

発行者　　　中　島　治　久

発行所　　同文舘出版株式会社
東京都千代田区神田神保町1-41　　〒101-0051
営業 (03) 3294-1801　　編集 (03) 3294-1803
振替 00100-8-42935　　http://www.dobunkan.co.jp

Printed in Japan 2017　　　　　　　　　　印刷・製本：萩原印刷

ISBN978-4-495-39001-3

|JCOPY| 〈出版者著作権管理機構 委託出版物〉
本書の無断複写は著作権法上での例外を除き禁じられています。複写される場合は，そのつど事前に，出版者著作権管理機構（電話 03-3513-6969，FAX 03-3513-6979，e-mail: info@jcopy.or.jp）の許諾を得てください。